세밀화로 그린 보리 어린이

식물 도감

세밀화로 그린 보리 어린이

식물도감

글 / 전의식 (전 서울천일초등학교 교장, 한국식물연구회 회장), 보리편집부
그림 / 권혁도, 윤봉선, 윤종진, 이제호, 이태수, 정태련
감수 / 김준호 (서울대학교 명예교수), 전의식

기획 · 자문 / 윤구병 (전 충북대학교 철학과 교수)
초판 편집 / 김용란, 심조원, 이대경
디자인 / 이안디자인

편집 / 김소영, 김용란
교정 / 김성재
제작 / 심준엽
영업마케팅 / 심규완, 양병희, 윤민영
영업관리 / 안명선
새사업부 / 조서연
경영지원실 / 차수민
인쇄 / (주)로얄프로세스
제본 / 과성제책

처음 펴낸 날 / 1997년 12월 1일
1판 49쇄 펴낸 날 / 2025년 4월 21일
펴낸이 / 유문숙
펴낸 곳 / (주)도서출판 보리
출판 등록 / 1991년 8월 6일 제 9-279호
주소 / (10881) 경기도 파주시 직지길 492
전화 / 영업 (031) 955-3535, 편집 (031) 950-9542, 전송 (031) 955-3501
누리집 / www.boribook.com, 전자우편 / bori@boribook.com

ⓒ 보리기획, 1997
이 책의 내용을 쓰고자 할 때는 저작권자와 출판사의 허락을 받아야 합니다.
잘못된 책은 바꾸어 드립니다.
값 35,000원

ISBN 978-89-85494-74-8 76480
이 도서의 국립중앙도서관 출판시도서목록(CIP)은 서지정보유통지원시스템 홈페이지 (http://seoji.nl.go.kr)와
국가자료공동목록시스템 (http://www.nl.go.kr/kolisnet)에서 이용하실 수 있습니다. (CIP 제어번호 : CIP2008000019)

제품명 : 도서 제조자명 : (주) 도서출판 보리 주소 : (10881) 경기도 파주시 직지길 492 전화번호 : (031) 955-3535
제조년월 : 2025년 4월 제조국 : 대한민국 사용연령 : 8세 이상 주의사항 : 책의 모서리가 날카로우니 다치지 않게 주의하세요.
KC 마크는 이 제품이 공통안전기준에 적합하였음을 의미합니다.

세밀화로 그린 보리 어린이

식물 도감

초등학교 전 학년, 전 과목 교과서에서 뽑은 식물 이야기

글 전의식 외 | 그림 이태수 외

보리

선생님과 부모님께

이 책에 나오는 그림은 모두 세밀화입니다. 세밀화는 한 곳에 초점을 맞추는 사진과 달리 사람이 직접 눈으로 보는 것과 같은 느낌을 전해 줍니다. 이 책에 실린 그림을 자세히 들여다보세요. 식물의 온 모습이 다 드러나면서도 잎맥이나 꽃잎의 생김새같이 섬세한 정보도 또렷이 나타납니다.

그러니까 세밀화 한 장에는 사진 수십 장에 담긴 정보보다 많은 정보가 들어 있는 셈이지요. 또 따뜻한 선과 색으로 이루어진 그림을 보면서 건강한 감수성을 기를 수 있도록 도와 줍니다. 정성껏 그린 세밀화를 보고, 쉽고 재미있는 글을 읽으면서 아이들이 자연을 더불어 살아가는 이웃으로 받아들이기를 바랍니다.

머리글

우리를 둘러싼 식물의 세계

우리 둘레에는 어디에나 식물이 살고 있어요. 산이나 들은 물론이고 도시의 보도 블록이나 깨진 담장 귀퉁이에도 작은 풀이 자라고 있어요. 짠 바닷물 속에서도 바닷말들이 살아가지요.

우리가 먹는 음식과 입는 옷과 사는 집도 온통 식물로 이루어져 있어요. 또 꽃을 보면 아름다움을 느끼고, 숲속을 거닐면 마음이 상쾌해지지요. 이렇게 우리는 식물로 둘러싸여서 식물의 도움으로 살아가고 있답니다.

우리나라에 살고 있는 식물은 4,000가지가 넘는다고 해요. 우리나라는 남북으로 길게 놓여 있는 데다가 높은 산과 낮은 평야가 골고루 있기 때문이지요. 춥고 높은 산에서 사는 바늘잎나무부터 덥고 낮은 들판에서 사는 넓은잎나무까지 자라고 있습니다. 미선나무같이 우리나라에서만 사는 고유 식물만 해도 400가지가 넘는대요. 이렇게 많은 식물을 모두 알기는 참으로 어려운 일이지만 우리가 쉽게 볼 수 있는 식물만큼은 꼭 알아 두어야 하겠지요.

어머니께서 시장에서 사 오신 토란이나 감자나 고구마는 식물의 어디에 생기는가? 또 고추나 가지는 어떻게 생긴 식물에 열리는가? 우리가 먹는 쌀이나 보리는 어떤 식물의 씨인가? 이런 것을 알아보면 퍽 재미있어요. 호박꽃과 옥수수꽃이 어떻게 다른지 서로 견주어 보아도 재미있을 거예요. 이 책에는 교과서에 실린 식물 가운데에서 우리와 가장 가까운 식물 160가지가 아름다운 세밀화 그림과 함께 실려 있어요. 자, 이제 그림을 자세히 들여다보고 설명글을 읽으면서 살아 있는 식물의 세계로 들어가 보세요.

김준호/서울대 명예교수, 대한민국 학술원 회원

일러두기

1. 이 책은 식물이 사는 곳에 따라서 다섯 갈래로 나누어 놓았습니다.
   갈래 안에서는 아이들도 쉽게 찾아볼 수 있도록 식물 이름을 가나다 순서로 늘어놓았습니다.

2. 식물에 대해서 아이들이 알아야 할 기초 지식은 책의 앞부분에 따로 모아 두었습니다.

3. 식물 이름은 교과서에 따랐습니다. 《대한식물도감》(이창복, 1993, 향문사)과 이름이 뚜렷이 다른 것은 ( )에 넣어 덧붙였습니다.
   [보기] 봉숭아(봉선화), 수세미(수세미오이)

4. 본문 아래 '**분류**'는 《대한식물도감》을 따랐습니다.

5. 그림 아래의 작은 글씨는 언제 어느 곳에서 채집했는지를 표시한 것입니다.
   시장에서 사서 그렸거나 사진을 참고한 그림은 표시를 하지 않았습니다.

6. '우리 이름 찾아보기'에서는 식물 이름뿐 아니라 어려운 낱말까지 쉽게 찾아볼 수 있습니다.

8. 본문 보기

이름

사는 곳에 따라서 다섯 가지 색깔로 나누었습니다.

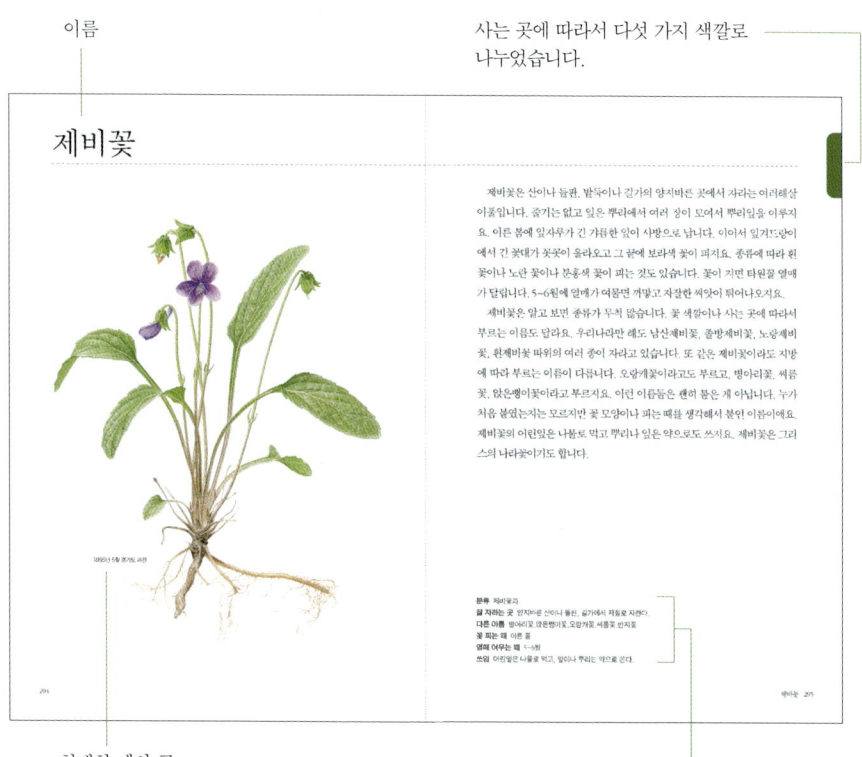

취재한 때와 곳

분류, 잘 자라는 곳, 다른 이름, 꽃 피는 때, 쓰임, 가꾸기 따위를 보기 쉽게 따로 묶어 두었습니다.

일러두기 7

차례

선생님과 부모님께 4
머리글 5
일러두기 6
땅속에 있는 뿌리 10
식물의 줄기 12
여러 가지 잎의 생김새 14
아름다운 꽃 18
열매와 씨앗 20
식물의 겨울나기 22

논밭에서 기르는 식물

우리가 먹는 곡식과
채소와 과일 26
가지 28
감나무 30
감자 32
갓 34
강낭콩 36
고구마 38
고추 40
귤나무 42
녹두 44
당근 46
대추나무 48
도라지 50
들깨 52
딸기 54
땅콩 56
마늘 58
메밀 60
무 62
미나리 64
밀 66
박 68
배나무 70
배추 72
버섯 74
벼 76
벼는 이렇게 길러요 78
보리 80
복숭아나무(복사나무) 82
부추 84
사과나무 86
살구나무 88
상추 90
생강 92
수박 94
수수 96
시금치 98
쑥갓 100
양배추 102
양파 104
오이 106
옥수수 108
완두 110
우엉 112
인삼 114
자두나무 116
조 118
참깨 120
참외 122
콩 124
토란 126
토마토 128
파 130
팥 132
포도나무 134
호두나무 136
호박 138

꽃밭에서 기르는 식물

재미있는 꽃밭 가꾸기 142
개나리 144
과꽃 146
국화 148
꽈리 150
나팔꽃 152
맨드라미 154
목련 156
무궁화 158
백일홍 160
봉숭아(봉선화) 162
분꽃 164
사철나무 166
선인장 168
수국 170
수선화 172
수세미(수세미오이) 174
잔디 176
장미 178
채송화 180
측백나무 182
코스모스 184
튤립 186
해바라기 188
회양목 190
히아신스 192

산과 들에서 자라는 식물

쓸모가 많은 풀과 나무 196
강아지풀 198
겨우살이 200
고사리 202
괭이밥 204
꽃다지 206
꿀풀 208
낙엽송(일본잎갈나무) 210
냉이 212
노간주나무 214
느티나무 216
단풍나무 218
달개비(닭의장풀) 220
대나무 222
더덕 224
도깨비바늘 226
도꼬마리 228
동백나무 230
맥문동 232
머루 234
메꽃 236
명아주 238
미나리아재비 240
미루나무(미류나무) 242
민들레 244
바랭이 246
밤나무 248
뱀딸기 250
버드나무 252
벚나무 254
붓꽃 256
비름 258
뽕나무 260

소나무 262
쇠뜨기 264
쇠비름 266
쑥 268
씀바귀 270
아까시나무 272
애기똥풀 274
억새 276
엉겅퀴 278
오동나무 280
오리나무 282
오이풀 284
은행나무 286
익모초 288
잣나무 290
전나무 292
제비꽃 294
주목 296
진달래 298
질경이 300
찔레나무 302
참나무 304
칡 306
토끼풀 308
패랭이꽃 310
플라타너스(버즘나무) 312
할미꽃 314
향나무 316

물에서 사는 식물

물풀이 사는 곳 320
갈대 322
개구리밥 324

검정말 326
나사말 328
마름 330
물수세미 332
방동사니 334
부들 336
부레옥잠 338
붕어마름 340
수련 342
여뀌 344
연꽃 346
이끼 348
피 350
해캄 352

바닷속에서 사는 식물

바닷속에서 사는 식물 354
김 356
다시마 358
미역 360
우뭇가사리 362

우리 이름 찾아보기 364

땅속에 있는 뿌리

　꽃이 피는 식물의 몸은 뿌리와 줄기와 잎과 꽃으로 이루어져 있어요. 먼저 식물을 캐서 뿌리의 생김새를 알아봅시다.
　밭에서 기르는 무나 당근은 굵고 둥근 뿌리가 흙속에 곧게 박혀 있지요. 이렇게 곧은 뿌리를 원뿌리라고 해요. 원뿌리의 옆과 밑에서는 여러 가닥의 가느다란 뿌리가 얼기설기 뻗어 나옵니다. 이런 뿌리를 곁뿌리라고 합니다. 무와 당근을 힘껏 쑥 뽑으면 가느다란 곁뿌리는 모두 끊기고 원뿌리만 뽑힙니다. 그래서 어머니께서 시장에서 사 온 무나 당근은 원뿌리만 있고 곁뿌리는 보이지 않는답니다. 곁뿌리를 보려면 호미나 손삽을 가지고 뿌리 옆의 흙을 조심스럽게 파헤쳐야 합니다. 그러면 원뿌리에서 갈

수염뿌리가 있는 식물

파

마늘

양파

토란

강아지풀

진 곁뿌리를 볼 수 있어요. 풀밭에서 자라는 엉겅퀴나 명아주도 원뿌리와 곁뿌리를 갖는 식물이지요. 겉씨식물과 쌍떡잎식물은 보통 원뿌리와 곁뿌리가 있습니다.

어머니께서 사다 놓은 파에는 원뿌리가 있는지 살펴봅시다. 파는 할아버지 수염 같은 수많은 하얀색 뿌리가 한곳에서 줄줄이 뻗어 있어요. 이런 뿌리를 수염뿌리라고 합니다. 마늘이나 양파나 들에서 자라는 강아지풀은 모두 수염뿌리가 있는 식물이랍니다. 보통 외떡잎식물은 수염뿌리를 가집니다.

뿌리의 생김새는 저마다 달라도 식물을 땅에 든든하게 서 있게 해 주고 물과 양분을 빨아들이는 구실을 한다는 점은 같아요. 곁뿌리와 수염뿌리의 끝에는 맨눈으로 볼 수 없는 아주 가는 뿌리털이 나 있어서 물과 양분을 빨아들이지요. 고구마처럼 뿌리가 양분을 저장하는 일까지 하는 식물도 있어요. 이런 뿌리를 덩이뿌리라고 하지요.

원뿌리와 곁뿌리가 있는 식물

식물의 줄기

길가에 자라는 은행나무나 느티나무는 땅 위에 줄기가 높이 솟아 있어요. 줄기 위에는 가지가 붙고 줄기 밑에는 뿌리가 이어지지요. 줄기는 식물이 바람에 쓰러지지 않도록 튼튼하게 받쳐 줍니다. 줄기 속에는 가느다란 관이 들어 있어서 뿌리에서 빨아들인 물과 양분을 가지와 잎으로 올려 보내고 잎에서 만든 양분을 뿌리로 내려보내지요.

은행나무나 소나무처럼 줄기가 곧고 키가 큰 나무를 큰키나무라고 말하지요. 복숭아나무나 동백나무처럼 키가 작은 나무는 작은키나무라고 해요. 진달래나 개나리처럼 밑둥치에서 많은 가지가 갈라진 나무는 떨기나무라고 합니다.

나팔꽃이나 더덕은 덩굴줄기가 뻗어요. 덩굴줄기는 버팀대를 감으면서 높이 뻗어 올라가 햇빛을 많이 받으려고 해요. 덩굴줄기가 버팀대를 감아 오르는 모습을 자세히

나무줄기

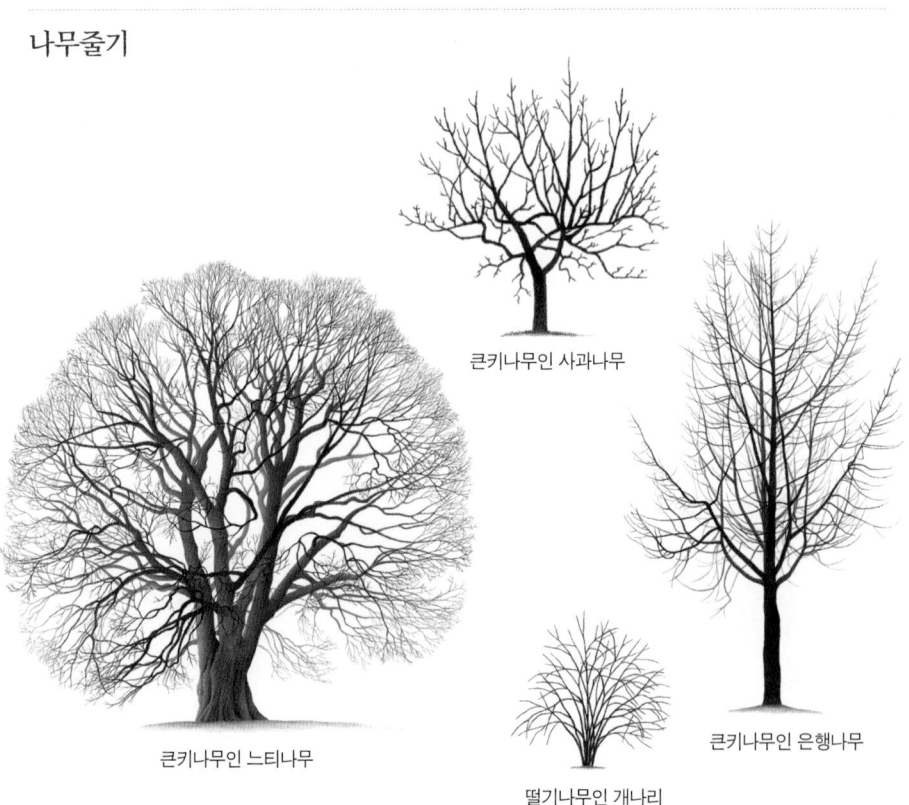

큰키나무인 사과나무

큰키나무인 느티나무

떨기나무인 개나리

큰키나무인 은행나무

보면 나팔꽃이나 메꽃은 왼쪽으로 감아 오르고 인동은 오른쪽으로 감으며, 더덕은 왼쪽으로도 감고 오른쪽으로도 감아 오릅니다. 이처럼 덩굴줄기가 감아 오르는 방향은 날 때부터 정해져 있답니다.

딸기나 뱀딸기는 가느다란 줄기가 옆으로 누우면서 자랍니다. 이런 줄기를 기는줄기라고 하지요. 기는줄기는 마디마다 하얀 뿌리가 나와서 흙속으로 파고들어요. 그렇게 내린 뿌리마다 새싹이 돋아서 어엿한 아기 식물로 독립한답니다.

덩굴줄기

메꽃의 덩굴줄기   강낭콩의 덩굴줄기   칡의 덩굴줄기

기는줄기

토끼풀의 기는줄기

뱀딸기의 기는줄기

여러 가지 잎의 생김새

　식물의 잎은 햇빛을 받아서 양분을 만들어 내는 일을 합니다. 그래서 잎은 햇빛을 많이 받을 수 있도록 넓고 납작하게 생겼어요. 또 서로 겹치지 않게 가지에 붙는 순서도 정해져 있지요. 미루나무처럼 한 가지에서 잎이 번갈아 붙는 잎차례를 어긋나기라고 해요. 참깨처럼 두 장씩 마주 붙는 잎차례를 마주나기라고 하지요. 도라지는 한자리에 세 장의 잎이 돌려 붙어요. 이렇게 세 장 이상의 잎이 한자리에 돌아가면서 붙는 잎차례를 돌려나기라고 합니다.

　은행나무나 미루나무처럼 잎자루에 넓은 잎이 한 장 붙어 있는 것을 홑잎이라고 합니다. 아까시나무의 잎은 쪽잎 여러 장이 깃꼴로 양쪽에 붙어 있어요. 이처럼 쪽잎 여러 장이 모여서 한 장으로 된 잎을 겹잎이라고 하지요.

어긋나게 붙는 쑥잎　　　　　돌려나게 붙는　　　냉이의 뿌리잎과 줄기잎
　　　　　　　　　　　　　도라지잎

어긋나게 붙는 미루나무잎

한자리에 여러 장이 모여 나는 은행나무잎

마주나게 붙는 참깨잎

뿌리잎만 있는 민들레

잎을 자세히 보면 여러 가닥의 줄이 보여요. 이 줄을 잎맥이라고 합니다. 벼나 옥수수나 강아지풀은 잎맥이 세로로 나란히 뻗어 있습니다. 이런 잎맥을 나란히맥이라고 해요. 밤나무나 콩의 잎은 그물처럼 얼기설기 뻗은 그물맥을 갖습니다.

잎의 생김새도 여러 가지예요. 단풍나무처럼 손바닥 모양으로 갈라진 잎도 있고, 해바라기처럼 심장꼴로 생긴 잎도 있고, 벼나 보리처럼 긴 칼이나 끈처럼 생긴 잎도 있어요. 소나무같이 바늘처럼 생긴 잎도 있고 측백나무같이 비늘처럼 생긴 잎도 있지요. 이렇게 식물의 잎은 저마다 다르게 생겼습니다.

여러 가지 겹잎

바늘잎과 비늘잎

늘푸른 넓은잎

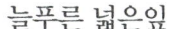

회양목잎   동백나무잎   사철나무잎   귤나무잎

크고 작은 여러 잎의 모습

홍단풍잎   미루나무잎   느티나무잎   밤나무잎   대나무잎

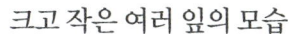

오동나무잎   머루잎   갈참나무잎

아름다운 꽃

꽃은 동백나무처럼 아름다운 것도 있고 밤나무처럼 그렇지 않은 것도 있어요. 벼나 소나무 꽃은 언제 피었다가 지는지도 모르게 피고 지지요. 그러나 이런 식물들도 다 꽃이 피고 가루받이를 합니다.

배추꽃이나 호박꽃은 벌이나 나비의 도움으로 가루받이를 해요. 이런 꽃들은 보통 화려한 꽃잎이 있고 꿀이 많아서 곤충들이 좋아하지요.

소나무나 벼는 바람의 도움으로 가루받이를 해요. 소나무꽃이 한창 필 때에 비가 오

저마다 다르게 생긴 나무꽃

벚꽃
백목련
아까시나무꽃
무궁화
동백꽃
두메오리나무꽃
찔레꽃

면 물웅덩이에 누런 가루가 떠 있어요. 바람에 날리던 송홧가루가 떨어졌기 때문이지요. 송홧가루는 소나무의 꽃가루예요. 새의 도움으로 가루받이를 하는 꽃도 있어요. 동백나무는 너무 이른 봄에 꽃이 피기 때문에 곤충의 도움을 받을 수가 없어요. 그래서 몸집이 작은 동박새의 도움을 받지요. 동박새는 동백꿀을 따 먹고, 동백나무는 가루받이를 할 수 있으니 서로 돕는 셈이에요. 가지처럼 제꽃가루받이를 하는 식물도 있어요. 다른 꽃들과 달리 한 꽃 안에서 꽃가루가 암꽃의 암술머리에 닿아서 가루받이를 하지요. 이런 식물들은 헛꽃이 거의 없어서 꽃이 핀 자리마다 열매가 맺힌답니다.

저마다 다르게 생긴 풀꽃

도라지꽃
과꽃
붓꽃
나팔꽃
꿀풀
호박의 수꽃
암꽃
맨드라미
맥문동

열매와 씨앗

사람은 식물의 씨를 먹고 산다고 해도 틀린 말이 아니에요. 우리가 먹는 쌀이나 보리, 밀 같은 곡식은 모두 씨앗이니까요. 콩이나 밤도 씨앗이에요. 콩은 꼬투리에 들어 있고, 밤은 가시에 싸여 있지요. 사과의 씨앗은 맛있는 열매의 살 속에 들어 있어요.

씨는 멀리 퍼지려는 성질을 갖고 있어요. 봉숭아나 콩은 익으면 살짝만 건드려도 꼬투리가 터져서 씨가 튀어나와요. 민들레나 버드나무의 씨에는 가벼운 털이 붙어 있어요. 바람이 불면 씨는 솜털을 활짝 펴고 멀리 날아가지요. 도깨비바늘이나 도꼬마

리에는 가시나 날카로운 갈고리가 있어서 동물이나 사람의 몸에 잘 달라붙어요. 이렇게 동물에게 붙어 다니다가 땅에 떨어지면 그 자리에서 싹이 트지요. 새나 동물에게 먹혀서 씨를 퍼뜨리는 식물도 있어요. 참외나 찔레는 열매가 맛이 있어서 새나 동물이 좋아해요. 동물의 배 속에 들어간 열매는 껍질과 살만 소화되고 딱딱한 씨앗은 그대로 똥에 섞여 나오지요. 이렇게 식물의 씨앗은 퍼지는 방법이 저마다 다르지만 조금이라도 멀리 무리를 퍼뜨리려는 성질은 꼭 같아요. 씨는 생명력이 무척 강해요. 몇 백 년 동안 무덤 속에 있던 볍씨에서 싹이 트기도 했대요. 또 1만 년 동안 얼어붙어 있던 씨가 싹을 틔우기도 했답니다.

식물의 겨울나기

우리나라의 겨울은 몹시 추워요. 그래서 식물들은 단단히 겨울나기 준비를 하지요. 가을이 오면 나무는 추위를 타는 잎을 모두 떼어 버려요. 그리고 추위를 덜 타는 가지와 줄기와 뿌리만 남게 됩니다.

가지에 붙은 눈들은 여러 가지 방법으로 매서운 추위를 견뎌 내요. 벚나무의 눈은 우리가 겨울에 옷을 겹쳐 입듯이 여러 장의 비늘잎으로 겹겹이 싸여 있어요. 이렇게 하여 사과나무나 개나리나 무궁화도 겨울을 넘깁니다. 목련의 눈은 우리가 겨울에 솜이불을 덮고 자듯이 많은 털로 소복이 싸여 있어요. 여러해살이풀들은 겨울을 넘기는 방법이 나무의 눈과 다르답니다. 민들레나 엉겅퀴나 질경이는 눈을 땅 위에 조금 내

여러 가지 겨울눈

백목련 눈
감나무 눈
떡버들 눈
오동나무 눈
가래나무 눈
단풍나무 눈
물오리나무 눈
철쭉 눈
참배 눈
두릅나무 눈
미루나무 눈

놓은 채, 가을까지 자랐던 시든 뿌리잎으로 추위를 이긴답니다. 두해살이풀은 살아 있는 뿌리잎을 가지고 겨울을 넘기지요. 여러 장의 뿌리잎은 서로 겹치지 않고 햇살처럼 펴져 있어요. 이렇게 하면 따뜻한 햇빛을 조금이라도 더 받을 수 있으니까요. 식물은 땅속에 깊이 묻힐수록 추위를 덜 타요. 우엉이나 인삼은 땅속에 묻힌 뿌리로 겨울을 나지요. 식물이 겨울을 나는 방법은 무척 여러 가지예요. 그 가운데서도 추위를 가장 잘 견디는 것은 뭐니 뭐니 해도 씨앗입니다.

뿌리잎으로 겨울을 나는 식물

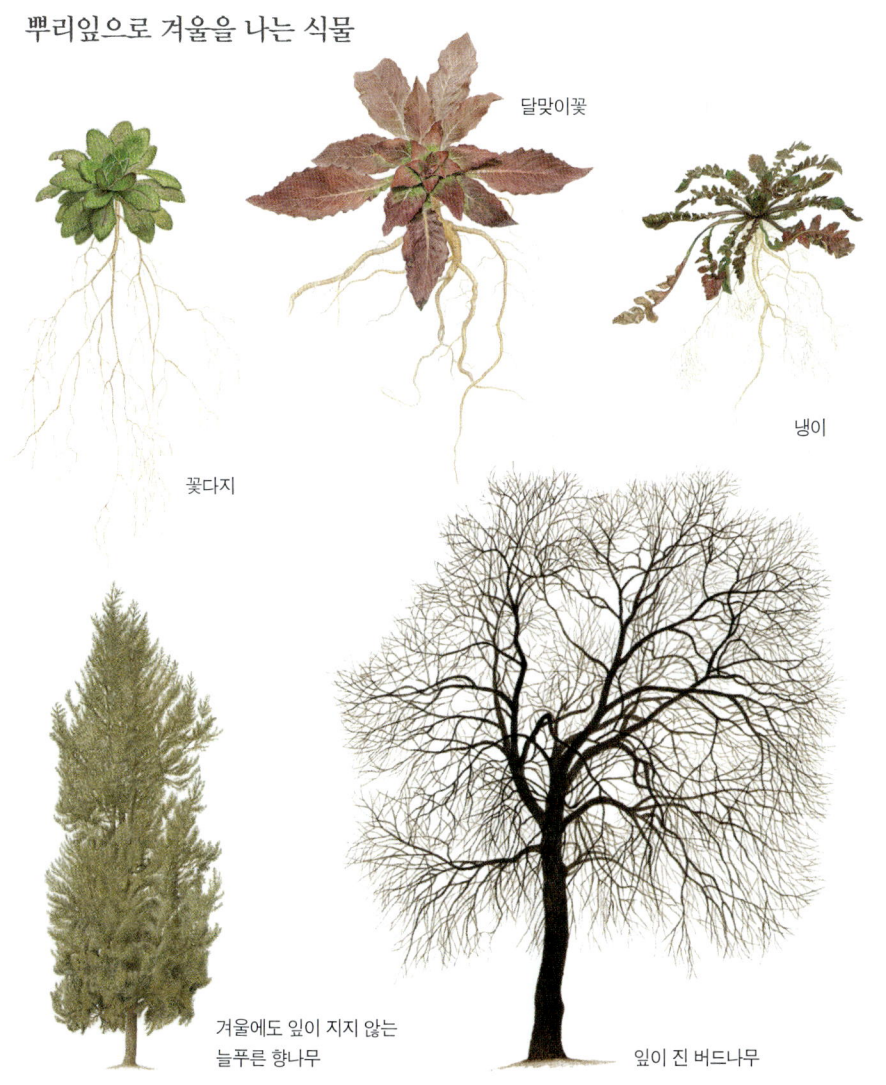

달맞이꽃

냉이

꽃다지

겨울에도 잎이 지지 않는 늘푸른 향나무

잎이 진 버드나무

논밭에서 기르는 식물

우리가 먹는 곡식과 채소와 과일

우리가 먹는 곡식

　사람들은 아주 오랜 옛날부터 농사를 짓고 살았어요. 사는 곳의 날씨와 환경에 맞는 곡식과 채소를 길러서 먹고 살았지요. 덥고 비가 많이 오는 곳에서는 벼농사를 많이 짓고, 사계절이 뚜렷한 나라에서는 보리나 밀을 많이 가꾸어요. 옥수수나 감자를 밥 대신 먹는 곳도 많아요. 이렇게 사람이 먹고 살기 위해서 기르는 중요한 농작물을 다른 말로 주곡식물이라고 부르지요.
　우리나라는 여름이 덥고 비가 많이 오기 때문에 논농사를 많이 지어요. 또 봄 여름 가을 겨울이 뚜렷이 달라서 다른 곡식도 골고루 가꾸고 있지요.

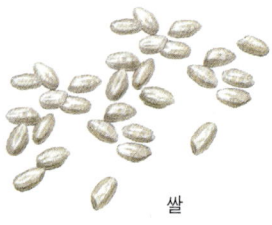

쌀　　　보리

몸에 좋은 채소

　곡식과 함께 여러 가지 채소도 가꾸어요. 채소 가운데는 배추나 시금치처럼 잎줄기를 먹는 것도 있고, 양파처럼 비늘줄기를 먹는 것도 있어요. 우엉이나 당근처럼 뿌리를 먹는 것도 있고 오이처럼 열매를 먹는 것도 있지요.

시금치

요즘은 큰 유리 지붕이나 비닐 속에서 채소를 가꾸는 온상 기술이 좋아져서 아무 때고 먹고 싶은 채소를 먹을 수 있어요.
그런데 제철에 난 채소가 맛이 가장 좋아요. 오이나 가지는 여름을 나야 제맛이 나지요. 배추나 무는 가을에 거둔 것이 가장 맛이 좋아요. 당근이나 시금치는 겨울이 되어야 단맛이 나고, 마늘이나 양파는 겨울을 지나고 나야 굵은 비늘줄기를 먹을 수 있답니다.

맛있는 과일

과일도 날씨에 따라 나는 것이 달라요. 우리나라는 사계절이 뚜렷해서 나는 과일이 많고 맛이 좋기로 이름이 났어요. 요즘에는 더운 나라에서 들어온 과일들을 쉽게 볼 수 있지만 역시 우리 땅에서 난 과일이 맛이 좋고 영양가도 높지요.

오이

딸기

포도

우리가 먹는 곡식과 채소와 과일 27

가지

1993년 8월 서울 창천동

가지는 밭에 심어 기르는 한해살이 열매채소입니다. 원산지는 인도라는데 중국을 거쳐서 우리나라에 들어왔다고 합니다. 원산지인 인도나 열대 지방에서는 여러해살이풀이지만 추위에 약해서 겨울이 있는 우리나라에서는 한 해밖에 못 삽니다.

대개 이른 봄에 온상에서 모종을 길러 밭에다 옮겨 심습니다. 도시에서는 화분에다 심기도 하지요. 햇빛이 잘 드는 곳에 두고 물만 잘 주면 어린이들도 쉽게 기를 수 있습니다. 봄에 모종을 사다가 한두 그루만 심어 두면 공부도 되고 여름에 열매를 따 먹을 수 있으니 이래저래 좋지요.

보라색 가지꽃은 한 꽃 안에 암술과 수술을 함께 갖추고 있습니다. 게다가 제꽃가루받이를 하므로 헛꽃이 거의 없이 꽃이 핀 자리마다 열매가 열립니다. 여름부터 늦가을까지 길쭉한 달걀꼴의 자주색 열매가 계속 주렁주렁 달리지요. 품종에 따라 노란 열매가 달리는 것도 더러 있지만 대부분 진한 자주색 열매가 열립니다.

가지는 씨가 여물기 전에 싱싱한 것을 따서 찌거나 삶아서 갖은양념을 하여 반찬으로 먹습니다. 약으로 쓰기도 하는데 열매꼭지나 줄기, 잎 따위를 삶은 물을 여드름 난 데나 동상 걸린 데 바르면 좋습니다.

분류 가지과
잘 자라는 곳 밭에 심어 기른다.
다른 이름 가자, 자가
꽃 피는 때 여름부터 늦가을까지
따는 때 여름부터 늦가을까지
쓰임 반찬도 해 먹고 열매꼭지는 약으로 쓴다.
가꾸기 봄에 씨를 뿌리거나 모종을 낸다.

감나무

감나무는 열매를 먹으려고 집 둘레에 심어 기르는 큰키나무입니다. 줄기는 곧게 자라고 곁가지를 많이 치는데, 다 자라면 15m에 이릅니다. 잎은 어긋나게 붙고 타원꼴입니다. 잎의 앞면은 윤기가 나고 만지면 맨질맨질합니다. 뒷면에는 밤색 털이 있지요. 6월쯤 잎겨드랑이에서 노란색 꽃이 피는데 암꽃이 수꽃보다 훨씬 큽니다.

감나무는 여러 가지 종류가 있습니다. 종류에 따라 열매의 생김새도 가지가지, 맛도 가지가지이지요. 생김새에 따라서 사발감이니 먹감이니 팽이감이니 하고 부르는 것들도 있고, 맛에 따라 떡감이니 물감이니 찰감이니 하고 나누어 부르기도 합니다. 남쪽에서 많이 나는 단감은 홍시가 되기 전부터 단맛이 나서 많은 사람들이 좋아하지요.

감은 못 먹는 것이 없습니다. 말랑말랑하게 익은 홍시나 껍질을 벗겨 말린 곶감은 모두 좋아합니다. 또 말린 감껍질은 떡에 넣어 먹기도 하고, 말린 감잎을 우려내어 차로 마시기도 합니다. 감꼭지는 딸꾹질을 멎게 하는 약으로 쓰지요. 또 나무가 단단하고 탄력이 있어서 고급 가구재로 쓰기도 하고, 망치 같은 연장을 만드는 데도 많이 썼습니다. 하지만 가지는 잘 부러지므로 감나무에 올라갈 때는 조심해야 합니다.

분류 감나무과
잘 자라는 곳 낮은 산이나 집 안에 심어 기른다.
다른 이름 시목
꽃 피는 때 늦은 봄부터 이른 여름
따는 때 가을
특징 한 꽃에 암술과 수술이 함께 있기도 하고, 암꽃과 수꽃이 따로 피기도 한다.
쓰임 열매를 날로 먹거나 말려서 먹는다. 열매꼭지와 잎은 약으로 쓴다.
가꾸기 접붙인 묘목을 사서 구덩이를 깊이 파고 심는다.

잎이 진 감나무 1997년 1월 경북 영양

감자

감자는 밭에 심어 기르는 한해살이풀입니다. 줄기는 곧게 자라는데 다 자라면 높이가 60cm에 이르지요. 잎은 어긋나게 붙고 깃꼴로 갈라집니다. 잎은 쪽잎이 여러 장 모인 겹잎이에요. 우리가 먹는 감자는 뿌리가 아니고 땅속에 생긴 덩이줄기입니다.

감자는 본디 칠레의 안데스 산맥에서 야생으로 자라던 식물입니다. 덩이줄기 크기가 새알만 하고 독이 있던 여러해살이 식물이었지요. 안데스 산맥 근처에서 살고 있던 원주민들이 기르던 것을 스페인 사람들이 유럽으로 가져가서 지금까지 여러 나라 사람들이 길러 먹고 있지요. 우리나라에서는 조선 시대에 중국에서 가져와 심어 기르기 시작했다고 합니다. 감자는 서늘한 날씨를 좋아해서 강원도에서 가장 많이 나지요.

감자는 밥 대신에 먹기도 하고 온갖 반찬의 재료가 되기도 합니다. 또 녹말만 모은 감자 가루로는 떡도 만들어 먹고, 당면을 비롯해 여러 가지 가공식품을 만들기도 하지요. 의약품이나 공업 원료로도 쓰입니다. 그런데 감자의 움푹 들어간 눈이나 어린싹, 햇빛을 받아 파랗게 된 곳에는 솔라닌이라는 독이 들어 있어서 도려내고 먹어야 합니다. 그러니까 감자를 갈무리할 때는 꼭 햇빛이 들지 않는 곳에다 두어야 해요.

분류 가지과
잘 자라는 곳 밭에 심어 기른다.
다른 이름 감저, 북저
꽃 피는 때 5~6월
캐는 때 6~7월
쓰임 끼닛거리나 반찬으로 먹는다.
가꾸기 덩이줄기에 눈이 붙도록 쪼개서 밭에 심는다.

1993년 9월 경기도 안양

갓

1996년 5월 전북 부안

갓은 밭에 심어 기르는 두해살이 잎줄기채소입니다. 중국이 원산지라는데, 우리나라에서도 오래전부터 심어 길렀대요. 보통 늦여름이나 초가을에 씨를 뿌려서 김장 무렵에 거두어들여요. 겨울을 나고 이듬해 봄에 거두어들이기도 합니다. 갓은 무나 쪽파와 함께 김장 김치를 담글 때 많이 넣어 먹지요. 갓은 맛이 맵고 결이 뻣뻣해서 그냥 먹기에는 안 좋아요. 그런데 김칫속에 넣어서 푹 익혀 먹으면 시원하고 매콤한 맛이 납니다. 또 쪽파와 함께 갓김치를 담기도 하지요. 갓김치는 땅속에 오래도록 묻어 두었다가 겨울이 끝날 때쯤 꺼내 먹어야 제맛이 나요. 갓을 물김치에 넣으면 잎에서 색이 우러나와서 국물이 불그스름해지지요.

　갓은 다 자라면 높이가 1m에 이르도록 곧게 자라요. 우리가 먹는 갓은 꽃이 피기 전에 돋아나는 뿌리잎이에요. 잎은 열무와 생김새가 비슷한데 열무보다 뻣뻣하고 잎자루가 짧아요. 색깔도 검은 자주색을 띠지요. 잎에는 까끌까끌한 털이 나 있습니다. 3~6월에 노란 꽃이 피고 5월쯤 되면 열매가 익기 시작하지요. 갓의 씨앗으로는 겨자를 만들어서 양념으로도 써요.

분류 십자화과
잘 자라는 곳 밭에 심어 기른다.
꽃 피는 때 3~6월
거두는 때 늦가을
쓰임 잎줄기는 채소로 먹고, 씨앗은 약으로 쓴다.
가꾸기 늦여름에 씨를 뿌린다.

강낭콩

덩굴강낭콩 1997년 9월 강원도 원주

강낭콩은 심어 기르는 한해살이 열매채소입니다. 원산지는 남아메리카이지만 세계 여러 나라에서 기르지요. 밭에 심어 가꾸는데, 덩굴식물이므로 옥수수처럼 키가 큰 식물 옆에 많이 심습니다. 덩굴이 타고 올라가라고 대나무 따위를 받침대로 세워 주기도 하지요. 씨앗은 콩보다 조금 크고 갸름합니다. 보통 흰색에 붉은 무늬가 있지요. 줄기는 덩굴로 길게 뻗고, 잎에는 짧고 보드라운 털이 덮여 있습니다. 6~7월쯤 희거나 연한 자주색 꽃이 피고, 가늘고 긴 꼬투리가 달립니다. 꼬투리 안에는 갸름한 열매가 대여섯 개씩 들어 있는데 8월쯤 되면 단단하게 여뭅니다. 덜 여문 강낭콩은 풋콩으로 먹기도 하고 다 여문 것은 말려 두었다가 삶아 먹기도 하지요.

　강낭콩은 식물의 한살이를 관찰하기에 참 좋은 식물입니다. 우선 씨앗이 커서 관찰하기 좋고, 기르기도 쉽습니다. 해가 잘 드는 곳에 심어 두고 물만 잘 주면 잘 자라니까요. 강낭콩 뿌리를 보면 혹처럼 생긴 작고 동그란 알갱이들이 수없이 달려 있어요. 그 속에는 뿌리혹박테리아가 같이 살아서 공기 속에 있는 질소를 강낭콩이 필요한 양분으로 바꾸어 줍니다. 그래서 거름기가 없는 땅이라도 강낭콩은 스스로 잘 자라지요.

분류 콩과
잘 자라는 곳 밭에 심어 기른다.
다른 이름 강남콩, 당콩
꽃 피는 때 여름
여무는 때 여름
쓰임 밥에 넣어 먹거나 반찬으로 먹는다.
가꾸기 봄에 씨를 뿌린다.

강낭콩 1997년 9월 서울 불광동

고구마

1997년 9월 경기도 의정부

고구마는 밭에 심어 기르는 한해살이 작물입니다. 우리가 먹는 고구마는 덩이뿌리입니다. 이른 봄 해가 잘 드는 곳에 구덩이를 깊게 파고 거름을 듬뿍 준 다음 고구마를 심어요. 그리고 왕겨나 짚을 덮어 두면 싹이 틉니다. 요즘은 비닐을 덮어 두기도 하지요. 4~5월쯤 되면 줄기가 한 뼘쯤 자라나는데, 이 순을 잘라서 밭에 심지요. 이렇게 고구마 순을 밭에다 심는 것을 고구마 순낸다고 해요. 고구마는 순을 심어야 덩이가 굵게 열립니다. 자주색 고구마 줄기는 땅 위를 이리저리 기면서 자라지요. 늦가을에 메꽃을 닮은 옅은 분홍색 꽃이 핍니다. 그러나 보통 꽃이 피기 전에 캐기 때문에 꽃을 보기는 힘들어요.

고구마는 맛이 달아서 구워 먹거나 쪄서 먹고, 연한 줄기와 잎자루는 나물로 많이 먹습니다. 녹말로는 식초나 술을 빚기도 하고 엿을 고기도 해요. 우리 할머니, 할아버지 들은 곡식이 모자라서 감자나 고구마를 밥 대신 먹고 자란 분들도 많아요. 그래서 고구마를 구황 식물이라고도 해요. 흉년을 이겨 내는 먹을거리라는 뜻이지요.

고구마는 남아메리카 열대 지방이 원산지인데 15세기에 콜럼버스가 스페인으로 가져가서 온 유럽으로 퍼뜨렸다고 합니다. 우리나라에서는 조선 시대 영조 임금 때 일본에 통신사로 갔던 조엄이 가져와서 널리 길러 먹기 시작했다지요.

분류 메꽃과
잘 자라는 곳 밭에 심어 기른다.
다른 이름 감서, 남서, 단감자
꽃 피는 때 10월
캐는 때 가을
쓰임 덩이뿌리와 순을 먹는다.
가꾸기 봄에 따뜻한 곳에서 순을 내어 옮겨 심는다.

고추

1997년 8월 경기도 의정부

고추는 밭에 심어 기르는 한해살이 열매채소입니다. 오이나 호박처럼 여름에 따 먹는 열매채소이지요. 열매에서 나는 매운맛 때문에 양념 채소로 널리 기릅니다. 원산지는 남아메리카인데 우리나라에서는 조선 시대부터 심어 기르기 시작했대요. 고추는 줄기가 곧게 자라고 높이는 50~60cm이며 가지를 많이 칩니다. 잎은 어긋나게 붙고 잎자루가 길지요. 잎은 넓은 버들잎꼴이고 가장자리가 매끈합니다. 6~7월쯤 잎겨드랑이에서 흰색 꽃이 한두 개씩 핍니다. 꽃이 지고 나면 초록색 열매가 열리기 시작하여 8~9월쯤이면 빨갛게 익지요. 열매는 품종에 따라 맛이나 크기가 조금씩 달라요. 청양고추처럼 작고 매운 고추가 있는가 하면, 피망처럼 뚱뚱하고 매운맛이 조금도 없는 고추도 있지요.

우리나라 사람들은 일 년 내내 고추를 먹고 산다고 할 수 있어요. 김치를 비롯해 반찬에 고춧가루가 거의 빠지지 않고 들어가니까요. 또 여름에는 풋고추를 된장에 찍어 먹고 고춧잎은 데쳐서 나물로 해 먹지요. 요즘에는 온상 기술이 발달해서 철을 가리지 않고 풋고추를 먹을 수 있어요. 다 여문 고추 씨앗으로는 기름도 짜 먹지요.

분류 가지과
잘 자라는 곳 밭에 심어 기른다.
다른 이름 진초, 당추, 신초
꽃 피는 때 6~7월
익는 때 7~8월
쓰임 가루를 내어 양념으로 쓰거나 반찬으로 먹는다.
가꾸기 봄에 씨를 뿌리거나 모종을 낸다.

귤나무

귤나무는 열매를 먹으려고 심어 기르는 늘푸른나무입니다. 원산지는 중국인데 세계 여러 나라에서 기르지요. 우리나라에서는 옛날부터 제주도가 귤이 많이 나는 곳으로 이름이 났습니다. 귤나무는 보통 높이가 5m쯤 되도록 자랍니다. 잎은 어긋나게 붙고 짧은 잎자루가 있습니다. 잎 모양은 끝이 뾰족한 넓은 타원꼴이에요. 6월쯤 되면 가지 끝에서 꽃대가 나오고 그 끝에 흰색 꽃이 하나씩 피지요. 동글납작한 열매는 처음에는 진한 초록색이다가 익으면서 주황색으로 바뀝니다. 열매는 몇 조각의 살로 나뉘고 그 속에는 씨앗이 들어 있어요. 우리가 먹는 씨 없는 귤은 먹기 편하라고 종자를 개량한 것이지요. 귤 열매는 늦가을부터 익기 시작하기 때문에 겨울철에 많이 먹습니다. 요즘에는 온상에서 길러 내어 여름에도 귤을 먹을 수 있지요.

　귤은 맛도 좋고 몸에도 좋아서 우리나라 사람들이 모두 좋아하는 과일이지요. 껍질을 까서 그냥 먹기도 하고 즙을 내거나 잼을 만들어 먹기도 합니다. 또 말린 귤 껍질에는 비타민이 듬뿍 들어 있어서 감기약으로도 쓰는데 오래된 것일수록 약효가 좋다고 합니다. 한약방에서는 귤껍질을 진피라고 부르지요.

분류 운향과
잘 자라는 곳 제주도에서 심어 기른다.
다른 이름 밀감, 온주밀감, 귤
꽃 피는 때 6월
따는 때 10월부터
쓰임 열매는 먹고, 열매껍질은 약으로 쓴다.

녹두

1997년 9월 경기도 고양

녹두는 밭에 심어 기르는 한해살이풀입니다. 줄기는 곧게 자라거나 기울어지고 온몸에 밤색 털이 빽빽이 나 있습니다. 다 자라면 높이가 50cm쯤 되지요. 잎은 쪽잎 세 개가 모인 겹잎입니다. 쪽잎은 끝이 뾰족한 달걀꼴이고 가장자리는 매끈합니다. 여름철 잎겨드랑이에서 꽃대가 나와서 나비처럼 생긴 노란 꽃이 피어납니다. 꽃은 예닐곱 개씩 모여서 피지요. 열매 꼬투리는 길이가 10cm쯤 되고 긴 원기둥꼴로 생겼습니다. 까맣게 익은 꼬투리 겉에는 거친 털이 있고 속에는 동그스름한 풀색 씨앗이 열댓 개씩 들어 있습니다. 씨앗 겉에는 초록색이나 갈색 그물 무늬가 있지요. 씨앗은 9~10월쯤 되면 여무는데 다 여물어도 연두색을 띱니다. 녹두라는 이름은 연두색 콩이라는 뜻에서 붙었답니다.

녹두는 맛이 팥과 비슷한데 독특한 향이 나지요. 녹두로는 여러 가지 음식을 만들어 먹습니다. 녹두를 갈아서 부친 전을 빈대떡이라고 하지요. 또 껍질을 벗긴 뒤에 삶아서 떡고물로도 쓰고, 녹말로는 청포묵을 씁니다. 청포를 다른 양념과 함께 무친 것을 탕평채라고 하지요. 또 녹두에 물을 주어 싹을 낸 것을 숙주나물이라고 합니다.

분류 콩과
잘 자라는 곳 밭에 심어 기른다.
다른 이름 록두, 숙주
꽃 피는 때 8월
거두는 때 9~10월
쓰임 가루를 내거나 싹을 내어 먹는다.
가꾸기 봄에 씨를 뿌린다.

당근

1997년 10월 경북 상주

당근은 밭에 심어 기르는 두해살이 뿌리채소입니다. 원산지는 지중해 바닷가인데, 세계 곳곳에서 두루 심어 먹지요. 우리나라에서도 오랜 옛날부터 길러 먹었습니다. 무처럼 생긴 굵은 뿌리를 먹지요. 빨간무라고 하기도 하고 홍당무라고 부르기도 합니다. 대개 늦은 봄에 씨앗을 뿌려서 늦가을이나 초겨울에 캡니다. 품종에 따라 봄에 씨앗을 뿌려 여름에 갈무리하는 것도 있지만 겨울에 뽑은 것을 더 많이 먹습니다. 맛도 겨울 당근이 더 좋아요.

당근은 줄기가 곧게 자라는데, 높이가 1m쯤 되도록 자랍니다. 줄기는 세로로 줄이 있고 털도 많이 나 있습니다. 잎은 뿌리에서 모여나는데 실 모양으로 가늘게 생긴 것이 특징이지요. 7월에서 8월이 되면 가지 끝에서 잘고 흰 꽃이 우산처럼 모여서 핍니다. 가을이 되면 갸름한 노란색 열매가 맺는데, 향기가 매우 진합니다. 그래서 열매는 음식에 넣어 향을 곁들이기도 하지요. 또 기생충을 없애는 약으로 씁니다.

당근에는 우리 몸에 좋은 영양소가 많이 들어 있습니다. 특히 비타민 A가 많이 들어 있어서 어릴 때부터 당근을 많이 먹으면 눈이 밝아진대요. 비타민 A는 기름에 잘 녹기 때문에 기름을 넣고 살짝 익혀 먹으면 더 좋습니다.

분류 산형과
잘 자라는 곳 밭에 심어 기른다.
다른 이름 홍당무, 빨간무
꽃 피는 때 7~8월
뽑는 때 여름, 초겨울
쓰임 뿌리는 먹고, 열매는 약으로 쓴다.
가꾸기 봄에 씨를 뿌린다.

대추나무

1993년 9월 서울 서교동

대추나무는 집 가까이에 심어 기르는 과일나무입니다. 우리나라 곳곳에서 저절로 자라기도 하지요. 나무 높이는 10m쯤 되고, 가지에는 짧은 가시가 있어서 찔리기 쉬워요. 잎은 어긋나게 붙고 달걀꼴인데 윤이 나고 맨질맨질하지요. 이른 여름에 연노란색 작은 꽃이 핍니다. 갸름하고 동그스름한 열매 속에는 딱딱한 씨앗이 하나씩 들어 있지요. 열매껍질은 매끈하고 처음에는 연두색이다가 익으면 붉은 밤색으로 바뀝니다.

　　익은 대추는 그냥 먹어도 맛이 좋지만 말려서 먹으면 더 달지요. 말린 대추는 썰어서 떡이나 약밥, 오곡밥 따위에 넣어서 먹지요. 달여서 차나 음료수로 마시기도 해요. 보약에도 많이 넣습니다. 대추는 제사상에 제일 먼저 올라가는 과일입니다. 과일 가운데 으뜸으로 치다 보니 집집마다 마당가나 밭둑에 몇 그루씩 심어 길렀습니다. 대추나무는 재질이 굳고 단단해서 연장이나 공예품을 많이 만듭니다. 떡을 칠 때 쓰는 떡메도 만들고, 도장도 파고, 목탁이나 불상을 만들기도 하지요. 빈틈없고 야무진 사람을 일컬어서 '대추나무 방망이'라든가 '대추씨 같은 사람'이라고 합니다. 대추나무가 그만큼 단단하다는 뜻이지요.

분류 갈매나무과
잘 자라는 곳 집 가까이에서 심어 기른다.
다른 이름 대조, 조목
꽃 피는 때 5~6월
따는 때 9~10월
쓰임 열매를 먹거나 약으로 쓴다.
가꾸기 씨앗을 심거나 곁뿌리에서 나온 새싹을 갈라 심는다.

잎이 진 대추나무 1996년 12월 강원도 평창

도라지

1996년 7월 전북 부안 내소산

도라지는 산에서 저절로 자라거나 밭에 심어 기르는 여러해살이 뿌리채소입니다. 햇빛이 잘 드는 곳이라면 어디에서나 잘 자라지요. 모래가 좀 섞인 땅이면 더욱 잘 자랍니다. 줄기는 높이가 50cm 안팎으로 곧게 자랍니다. 잎은 어긋나게 붙고 잎 가장자리는 톱니처럼 오톨도톨합니다. 더러 마주나거나 돌려나는 것도 있지요. 잎 앞쪽은 연두색이고 뒤쪽은 희끄무레합니다. 여름에 보라색이나 흰색 꽃이 피지요. 꽃봉오리가 동글동글하니 공같이 부풀어오르다가 꽃잎을 탁 펼칩니다. 꽃잎은 넓은 종처럼 생겼고 끝이 다섯 갈래로 갈라졌습니다. 뿌리는 굵고, 자르면 젖 같은 흰 즙이 나오지요.

　우리가 먹는 것은 뿌리입니다. 어린잎과 줄기도 데쳐서 나물로 먹기도 하지만 뿌리만큼 많이 쓰지는 않습니다. 대개 심은 지 3년쯤 지난 것을 캐서 먹지요. 껍질을 벗긴 뒤 소금물에 담가서 쓴맛을 우려낸 다음 무치거나 볶아서 먹습니다. 껍질을 벗긴 도라지를 햇빛에 말렸다가 물에 불려서 먹기도 해요.

　도라지는 가래를 삭이고 기침을 멎게 하는 약효가 썩 뛰어납니다. 한약방에서 길경이라고 부르는 약초가 바로 도라지입니다. 꽃을 보려고 화분이나 마당가에 심기도 하지요.

분류 초롱꽃과
잘 자라는 곳 산에서 저절로 자라거나 밭에 심어 기른다.
다른 이름 길경, 경초
꽃 피는 때 7~8월
캐는 때 가을
쓰임 뿌리를 먹거나 약으로 쓴다.
가꾸기 봄에 씨앗을 뿌린다.

들깨

1997년 9월 경북 상주

들깨는 밭에 심어 기르는 한해살이풀입니다. 줄기는 곧게 자라고 큰 것은 높이가 1m가 넘도록 자랍니다. 줄기나 잎에는 연한 털이 빽빽이 나 있습니다. 잎은 마주나고 긴 잎자루가 있지요. 잎 모양은 둥근데 끝이 뾰족하고 가장자리에는 둔한 톱니가 있습니다. 줄기나 잎에서는 독특한 향기가 납니다. 이 냄새 때문에 벌레가 안 꼬이지요. 8~9월쯤 줄기나 가지 끝에서 입술처럼 생긴 자잘한 흰 꽃이 핍니다. 꽃이 지고 나면 공처럼 둥글고 자잘한 밤색 씨앗이 영글지요.

들깨는 여러모로 쓸모가 많습니다. 뿌리를 빼고는 못 먹는 것이 거의 없지요. 잎이나 어린줄기는 날로 먹거나 졸이거나 쪄서 반찬으로 먹습니다. 들깻잎에는 독특한 향기가 있어서 음식의 맛을 돋우어 줍니다. 또 씨가 여물기 전에 꽃대를 따서 부각을 만들어 먹기도 하지요. 씨앗으로는 들기름을 짭니다. 들기름은 김을 잴 때나 나물을 무칠 때 쓰지요. 또 들기름을 종이에 먹여 기름 종이를 만들기도 합니다. 장판을 바르고 난 다음 들기름을 먹이면 장판이 매끄럽고 오래가지요. 전기가 들어오기 전에는 비싼 참기름 대신 등잔불을 밝힐 때도 썼습니다. 그런데 들기름은 짜 놓고 오래 두면 쉽게 상하니까 조금씩 자주 짜야 합니다.

분류 꿀풀과
잘 자라는 곳 밭에 심어 기른다.
다른 이름 임, 추소
꽃 피는 때 8~9월
거두는 때 9~10월
쓰임 잎은 나물로 먹고, 씨는 기름을 짠다.
가꾸기 봄에 씨를 뿌린다.

딸기

1993년 4월 경기도 안양

딸기는 밭에 심어 기르는 여러해살이 열매채소입니다. 남아메리카가 원산지이고 우리나라에서 기른 지는 백 년쯤 된다고 해요. 줄기는 땅 위로 기면서 뿌리가 내립니다. 잎은 뿌리에서 무더기로 모여나고 쪽잎 세 장으로 이루어진 겹잎이에요. 쪽잎은 달걀처럼 갸름하고 가장자리에는 톱니가 있습니다. 4~5월쯤 줄기 끝에서 하얀 꽃이 피어나지요. 꽃잎은 다섯 장이고 꽃이 지면 꽃턱이 자라서 열매가 됩니다. 열매는 처음에는 연두색이다가 6월쯤 되면 익어서 붉은색이 되지요. 열매는 매우 부드럽고 열매 겉에는 자잘한 씨앗들이 다닥다닥 붙어 있습니다.

딸기씨는 다 익어도 열매에서 떨어지지 않고 붙어 있습니다. 이렇게 붙어 있어야 동물에게 먹혀서 씨앗을 퍼뜨릴 수 있으니까요. 씨앗은 열매와 함께 동물의 배 속에 들어가서 소화되지 않은 채 땅에 떨어져 싹을 틔웁니다. 참외나 포도 같은 식물도 이런 방법으로 씨를 퍼뜨리지요.

요즘은 철을 가리지 않고 딸기를 먹을 수 있습니다. 그러나 역시 제철에 나는 딸기가 몸에도 좋고 맛도 좋습니다. 딸기는 다른 과일처럼 날로 먹기도 하지만 갈아서 즙을 내어 먹거나 술을 담가 먹기도 합니다. 설탕을 넣고 졸여서 딸기잼을 만들기도 하지요.

분류 장미과
잘 자라는 곳 밭에 심어 기른다.
다른 이름 딸, 양딸기
꽃 피는 때 4~5월
따는 때 6월
쓰임 열매를 먹는다.
가꾸기 기는줄기를 뿌리째 잘라 심는다.

땅콩

1997년 10월 경북 상주

땅콩은 밭에 심어 기르는 한해살이풀입니다. 모래가 많이 섞인 밭에서 잘 자라지요. 줄기는 곧게 자라거나 옆으로 뻗습니다. 잎은 어긋나게 붙고 쪽잎 네 장이 깃꼴로 나란히 난 겹잎이에요. 땅콩잎은 밤이 되면 괭이밥처럼 쪽잎을 오무리지요. 이런 운동을 수면 운동이라고 합니다. 7~9월쯤에 잎겨드랑이에서 나비 모양의 노란색 꽃이 피지요.

땅콩은 다른 식물과 달리 땅속에서 열매가 열립니다. 가루받이가 끝나면 씨방 자루가 밑으로 길게 자라서 땅속으로 뚫고 들어갑니다. 여기에서 꼬투리 열매를 맺지요. 땅속에 묻히지 못한 꽃은 열매를 맺지 못해요. 그래서 땅콩을 기를 때는 자주 북을 돋워 주어야 합니다. 땅콩이 모래땅에서 잘 자라는 까닭은 모래땅이 부드러워서 씨방 자루가 땅속에 쉽게 들어갈 수 있기 때문이에요. 열매 꼬투리는 허리가 잘록한 누에고치처럼 생겼습니다. 꼬투리 안에는 불그레한 속껍질에 싸인 씨앗이 두세 개 들어 있지요. 이 씨앗이 우리가 먹는 땅콩이에요. 땅콩 속에는 우리 몸에 좋은 기름이 많이 들어 있습니다. 이 기름을 모아서 땅콩 버터나 낙화생유를 만들기도 합니다.

분류 콩과
잘 자라는 곳 밭에 심어 기른다.
다른 이름 호콩, 낙화생
꽃 피는 때 7~9월
캐는 때 9~10월
쓰임 볶아서 먹거나 기름을 짠다.
가꾸기 봄에 씨를 심는다.

마늘

마늘은 논이나 밭에 심어 기르는 여러해살이풀입니다. 단군 이야기에도 마늘이 나오는 것을 보면 아주 옛날부터 길러 먹었나 봐요. 우리가 먹는 것은 비늘줄기예요. 비늘줄기는 연한 밤색이 나는 얇은 껍질에 싸여 있는데 그 속에 비늘쪽이 대여섯 개 들어 있어요. 줄기는 곧게 자라고 높이는 50~60cm쯤 됩니다. 잎은 어긋나게 붙는데 끈처럼 생겼고 나란히맥이에요. 7~8월쯤 잎 사이에서 꽃대가 나오고 그 끝에 연보라색 꽃이 동그랗게 모여서 피어납니다. 온몸에서 강한 냄새가 나지요.

마늘이나 파는 반찬을 만들 때 가장 흔히 쓰는 양념 가운데 하나입니다. 김치를 비롯해 거의 모든 반찬에 마늘이 들어가니까요. 양념으로 쓸 때는 마른 겉껍질을 벗겨 내고 빻아서 씁니다. 비늘줄기뿐 아니라 어린잎이나 줄기, 꽃대도 좋은 반찬거리가 되지요. 꽃대는 마늘종이라고도 하는데 된장이나 고추장에 박아 장아찌로도 만들어 먹습니다. 봄이 되면 잎 사이에서 꽃대가 길게 올라오지요. 꽃대에서 꽃이 피면 우리가 먹는 비늘줄기로 갈 양분을 꽃이 빼앗아 갑니다. 그러면 알이 굵은 마늘을 거두기 어렵지요. 그래서 꽃대를 뽑아 내는데, 그게 바로 마늘종입니다. 마늘은 기생충을 없애기도 하고, 위장병이나 암을 이겨 내는 약으로도 쓰인답니다.

분류 백합과
잘 자라는 곳 밭에 심어 기른다.
다른 이름 산, 백피산
꽃 피는 때 7~8월
캐는 때 7월
쓰임 양념이나 약으로 쓴다.
가꾸기 가을에 마늘쪽을 심는다.

메밀

1997년 9월 경기도 고양

메밀은 거칠고 메마른 밭이나 논에서도 잘 자라는 한해살이풀입니다. 중앙아시아가 원산지인데 지금은 우리나라 어디서나 심어 기르고 있습니다. 웬만한 가뭄에도 잘 견디고 빨리 자라기 때문에 흉년이 들면 많이 심었습니다. 가뭄이 들어서 다른 곡식이 자라지 못하는 메마른 땅에 메밀을 심어서 굶주림을 이길 수 있었으니 무척 고마운 식물이지요.

　　메밀은 줄기가 곧게 자라고 높이는 70cm 안팎으로 자라지요. 줄기 속은 비어 있습니다. 잎은 어긋나게 붙고 세모꼴인데 가장자리가 매끈합니다. 7~10월쯤에 줄기와 가지 끝에서 흰 꽃이 무리 지어 피어납니다. 꽃이 지고 나면 거무스름한 세모꼴 열매가 열지요.

　　메밀 속에는 밤색이 도는 흰 녹말이 들어 있습니다. 메밀가루로는 메밀묵이나 메밀 부침개, 메밀국수 같은 음식도 만들고 약에도 씁니다. 메밀은 혈압을 낮춰 주고 설사를 멎게 해 준대요. 가루를 내고 남은 메밀 껍질은 말려서 베갯속으로도 쓰지요. 메밀꽃에는 꿀이 많아서 가을에 꿀벌을 치기도 합니다.

　　여름에 강원도 봉평에 가면 아스팔트 길가에 메밀꽃이 하얗게 피어난 것을 볼 수 있습니다. 강원도 봉평은 이효석이라는 소설가가 태어난 곳이지요. 이분은 《메밀꽃 필 무렵》이라는 소설을 쓴 분입니다.

분류 마디풀과
잘 자라는 곳 밭에 심어 기른다.
다른 이름 모밀, 미물
꽃 피는 때 7~10월
거두는 때 10월
쓰임 국수나 묵 따위를 만들어 먹는다.
가꾸기 여름에 씨를 뿌린다.

무

무는 뿌리나 잎을 먹으려고 심어 기르는 두해살이 채소입니다. 뿌리는 둥근 기둥처럼 생겼는데 살과 물이 많지요. 뿌리나 잎을 먹으려고 기르기 때문에 줄기나 꽃이 올라오기 전에 뽑습니다. 서늘한 날씨를 좋아해서 늦여름이나 초가을에 씨앗을 뿌려서 김장할 때쯤 뽑아요. 이 무를 가을무나 김장무라고 부릅니다. 늦가을에 온상에나 씨를 뿌려서 이듬해 봄에 먹거나, 이른 봄에 씨앗을 뿌려서 여름에 먹기도 합니다. 씨앗을 받으려고 기를 때는 9월 중순쯤 씨앗을 뿌립니다. 겨울을 나고 이듬해 봄이 오면 줄기가 올라오고, 줄기와 가지 끝에서 꽃이 피어납니다. 꽃잎은 네 장이고 희거나 연보랏빛을 띠지요. 꽃이 지

분류 십자화과
잘 자라는 곳 밭에 심어 기른다.
다른 이름 무꾸, 무시, 무수
꽃 피는 때 3~5월
뽑는 때 가을
쓰임 김치나 다른 반찬을 만들어 먹는다. 약으로도 쓴다.
가꾸기 늦여름이나 봄에 씨앗을 뿌린다.

고 나면 긴 칼자루처럼 생긴 씨앗주머니가 맺힙니다. 씨앗은 5월에 여물지요.

　무는 사각사각 씹히는 느낌과 시원한 맛 때문에 우리나라 사람들이 즐겨 먹는 채소예요. 원산지는 이집트라지만 우리나라에서도 고려 때부터 심어 먹었다니 토박이 식물이 다 된 셈이지요. 무로는 김치, 깍두기, 국, 조림, 무침, 볶음 따위의 온갖 음식을 다 만들어 먹어요. 또 잎은 무청이라고 하는데 말려서 시래기를 만들지요. 무를 잘게 썰어 말려서 무말랭이를 만들기도 합니다. 즙을 내거나 달여서 감기약이나 위장약으로 먹기도 해요.

1993년 7월 경기도 안양

미나리

1997년 5월 경북 상주

미나리는 개울가나 도랑가처럼 물기 많은 곳에서 자라는 여러해살이 잎줄기채소입니다. 우물가나 논에 심어 기르기도 하지요. 줄기는 털이 없이 매끈하고 옆으로 뻗으면서 마디에서 새싹이 나옵니다. 줄기는 곧게 자라는데, 큰 것은 50cm까지 자랍니다. 줄기는 모가 난 기둥꼴입니다. 줄기 속은 비었지요. 잎은 어긋나게 붙고 긴 잎자루가 있습니다. 여름에 줄기와 가지 끝에서 희고 작은 꽃이 우산꼴로 모여서 피어납니다.

　　미나리는 씨로도 퍼지지만 땅속으로 뻗는 기는줄기 마디에서 새 줄기가 돋아나 퍼지기도 합니다. 가을에 미나리를 적당히 잘라서 논에 흩어 놓으면 겨울 동안 새순이 돋아나지요. 이렇게 미나리를 기르는 논을 미나리꽝이라고 부릅니다. 미나리는 추위를 잘 견뎌서 얼음이 덮인 물에서도 잘 얼어 죽지 않습니다. 겨우내 기른 미나리는 정월 대보름쯤 뜯어 먹기 시작해서 못자리할 때까지 나물로 먹었어요.

　　미나리는 향기가 좋아서 입맛을 돌게 해 줍니다. 미나리만 데쳐서 나물로 무치기도 하고, 부침개를 부쳐 먹기도 하지요. 미나리를 많이 먹으면 피가 잘 돌아서 어지럼증이 낫는대요. 또 똥도 잘 나오고 감기도 낫는다고 합니다.

분류 산형과
잘 자라는 곳 물기가 많은 개울가나 도랑가에 나거나 논에 심는다.
다른 이름 근채, 수영, 수근
뜯는 때 봄
쓰임 나물로도 먹고 약으로도 쓴다.
가꾸기 씨를 뿌리거나 줄기를 잘라 심는다.

밀

밀은 밭이나 논에 심어 기르는 두해살이 곡식입니다. 세계에서 가장 많이 길러 먹는 곡식이지요. 기르기 시작한 지는 1만 년도 더 되었대요. 우리나라에서도 삼국 시대 전부터 심어 길렀다고 해요. 그러나 지금은 값싼 수입 밀 때문에 심는 곳이 아주 적습니다. 밀은 보리와 기르는 법이 비슷합니다. 보리처럼 가을에 씨를 뿌려서 어린잎으로 겨울을 나고 이듬해 봄부터 쑥쑥 자라서 초여름이 되면 다 여물어요. 보통 콩이나 조를 거두어들이고 난 뒤에 그 밭에 심지요.

밀은 줄기가 두세 대씩 모여서 나고 높이가 1m 안팎까지 곧게 자라지요. 줄기 속은 비어서 둥근 기둥 같고 마디는 굵고 겉은 맨질맨질합니다. 잎은 긴 버들잎 모양인데 털이 없고 가장자리가 까끌까끌해요. 5월이 되면 줄기 끝에서 이삭이 나오는데 처음에는 풀색이다가 익으면서 누르스름해지지요.

밀가루로는 여러 음식을 만들어 먹어요. 빵이나 과자, 국수나 수제비를 비롯해서 전이나 튀김 따위 온갖 음식을 만들지요. 밀가루에는 끈기가 있어서 빵이나 국수를 만들기에 아주 좋습니다. 풀도 쑤지요. 또 통밀로는 누룩을 만들어 막걸리를 빚기도 합니다. 밀짚으로는 모자나 방석을 짭니다.

분류 벼과
잘 자라는 곳 밭에 심어 기른다.
다른 이름 소맥
꽃 피는 때 늦은 봄
베는 때 초여름
쓰임 빵이나 국수를 해 먹는다.
가꾸기 가을에 씨를 뿌린다.

박

1997년 10월 경북 상주

박은 집 가까이에 심어 기르는 한해살이 덩굴풀입니다. 바가지를 만들어 쓰려고 집집마다 한두 포기씩 심어 길렀지요. 박은 덩굴이 길게 뻗고 덩굴손이 있어요. 잎 모양은 호박잎과 비슷한데 크기가 좀 작고 털이 부드럽습니다. 7월부터 잎겨드랑이에서 꽃대가 나와서 저녁이 되면 흰 꽃이 피지요. 꽃잎은 끝이 다섯 갈래로 갈라진 나팔꼴이에요. 어린 열매는 둥글고 연한 털로 덮여 있습니다. 열매가 익으면 털이 없어지고 겉껍질이 굳어서 단단해집니다. 박 열매는 지름이 30cm가 넘을 만큼 크게 자라기도 하지요.

박바가지는 가볍고 단단해서 부엌에서 자주 썼던 그릇이에요. 바가지를 만들 때는 우선 잘 여문 박을 골라내야 합니다. 보통 바늘로 찔러 보고 안 들어가는 박을 골라 따지요. 이렇게 따 낸 박은 톱으로 켜서 씨가 들어 있는 속을 긁어낸 다음 찌거나 삶아요. 크기가 작고 허리가 잘록한 조롱박도 이렇게 바가지를 만들어요. 조롱박으로 만든 바가지는 간장독이나 곡식 항아리에 넣어 두고 썼어요. 덜 여문 박은 나물로도 먹고 호박고지처럼 썰어 말리기도 해요. 정월 대보름에 먹는 박고지나물은 참 맛이 좋지요.

분류 박과
잘 자라는 곳 울타리 옆이나 마당에 심는다.
다른 이름 바가지, 종그락지
꽃 피는 때 7~9월
따는 때 10월
쓰임 어린 열매나 열매 속은 먹고 열매 껍질은 그릇으로 쓴다.
가꾸기 봄에 씨를 심는다.

배나무

배나무는 열매를 먹으려고 심어 기르는 큰키나무입니다. 열매의 맛이 달고 시원해서 우리 겨레가 즐겨 먹던 과일이지요. 또 봄에 피는 꽃이 곱고 화려해서 울타리 옆이나 장독대 옆에 한두 그루씩 길렀어요. 요즘은 사과처럼 과수원에서 많이 길러요. 우리나라 배는 세계에서 가장 맛있는 과일로 손꼽힙니다. 전라도 나주와 전주, 황해도 황주, 함경도 의주는 배 맛이 좋기로 이름난 곳이지요. 배는 껍질만 벗기고 날로 먹지만 약으로도 많이 써요. 배즙은 열을 내리고 기침을 멎게 하지요. 불에 덴 자리에도 배를 얇게 저며서 붙였어요.

　　배나무는 본디 10m가 넘게 자랍니다. 그런데 과수원에서 기르는 배나무는 키가 나지막한 게 많아요. 일하기 좋게 나뭇가지를 잘라 내고 다듬어서 그렇지요. 가지는 어두운 밤색인데 잔가지는 끝이 가시로 바뀌기도 합니다. 5월에 짧은 가지 끝에서 하얀 꽃이 모여서 핍니다. 꽃잎은 다섯 장씩이고 열 송이 가까이 모여 피지요. 가루받이가 끝나면 콩알만 한 초록색 열매가 달립니다. 과수원에서는 열매가 굵어지라고 한두 개만 남기고 다 따 버리지요. 또 여름이 되어 열매가 어느 정도 굵어지면 열매마다 하나하나 봉지를 싸 줍니다. 9~10월쯤 되면 열매가 누렇게 익지요.

분류 장미과
잘 자라는 곳 과수원에 심어 기른다.
다른 이름 참배, 참배나무
꽃 피는 때 5월
따는 때 9~10월
쓰임 열매를 먹거나 약으로 쓴다.
가꾸기 돌배나무에 접을 붙인다.

배추

배추는 심어 기르는 두해살이 잎줄기채소입니다. 줄기는 곧게 자라고 꽃이 필 때까지 두면 높이가 1m에 이릅니다. 넓은 뿌리잎 여러 장이 모여서 배추통을 이루고, 줄기잎은 어긋나게 붙지요. 우리가 먹는 배추는 뿌리잎입니다. 배추는 줄기가 자라서 꽃이 피기 전에 뽑아 먹기 때문에 줄기나 꽃을 보기가 힘듭니다. 그런데 겨울을 넘긴 배추는 4월쯤 되면 노란 꽃이 피어납니다. 꽃잎은 거꾸로 세운 달걀꼴인데 넉 장이 십자꼴로 피지요. 이렇게 꽃잎이 십자꼴로 피는 식물을 통틀어서 십자화과 식물이라고도 하고 배추과 식물이라고도 합니다. 십자화과 식물에는 무, 양배추, 평지, 갓, 냉이, 꽃다지 따위가 있지요.

　　배추는 심는 때에 따라서 봄배추, 가을배추로 나누지요. 봄배추는 '얼갈이'라고도 하고 '봄동'이라고도 부릅니다. 속이 찬 김장 배추는 여름에 씨앗을 뿌려서 늦가을에 뽑지요. 요즘은 배추의 품종이 개량되어 일 년 내내 속이 찬 통배추를 먹을 수 있습니다.

　　배추로는 뭐니 뭐니 해도 김치를 가장 많이 담습니다. 김치는 다른 나라 사람들도 알아주는 이름난 저장 식품입니다. 맛은 물론이고 영양가도 높고 겨우내 두고 먹어도 상하지 않으니까요. 김치를 할 때 다듬고 남은 배춧잎은 말려서 시래기나물로 먹지요.

분류 십자화과
잘 자라는 곳 밭에 심어 기른다. 특히 대관령 같은 서늘한 고랭지에서 잘 자란다.
다른 이름 배차, 백채, 배채, 숭채
꽃 피는 때 4월
뽑는 때 김장 배추는 늦가을에 뽑는다.
쓰임 김치를 해 먹거나 나물로 먹는다.
가꾸기 늦여름에 씨를 뿌린다.

버섯

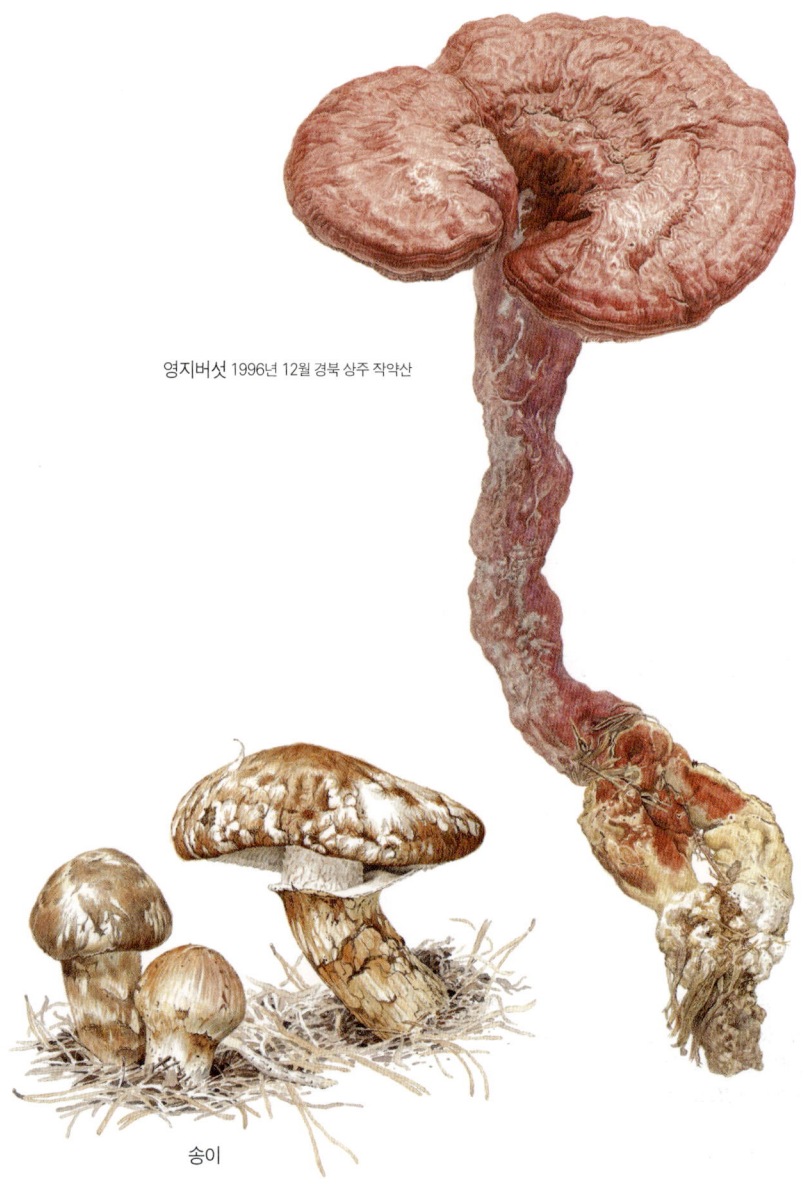

영지버섯 1996년 12월 경북 상주 작악산

송이

버섯에는 여러 종류가 있는데 그림에 나온 버섯은 송이와 영지버섯이에요. 버섯은 주로 죽은 식물이나 동물의 양분을 먹고 자라지요. 엽록소가 없기 때문에 자기 스스로 양분을 만들어 내지 못해요.

버섯의 몸은 크게 자실체와 균사로 나뉘어 있어요. 송이나 느타리에서 우리가 먹는 곳은 자실체에 해당합니다. 자실체는 홀씨를 만들어 퍼뜨리는 일을 하지요. 균사는 가는 실같이 생겼고 땅속이나 나무 속에 그물눈처럼 얽혀서 퍼져 있어요. 산속을 걷다 보면 낙엽 위에 돋은 버섯을 자주 볼 수 있지요. 그때 버섯 둘레에 있는 낙엽을 헤쳐 보면 하얀 실처럼 생긴 균사를 볼 수 있습니다.

버섯 가운데에는 표고나 느타리, 송이나 싸리버섯처럼 먹을 수 있는 것이 많아요. 우리가 먹는 버섯은 거의 농사꾼들이 기른 것이에요. 표고를 기를 때는 참나무에 구멍을 뚫고 종균이라고 부르는 홀씨를 넣어요. 그리고 구멍을 막은 다음에 그늘진 숲속에 세워 두거나 검은 그물을 치고 자주 물을 주지요.

버섯을 많이 먹으면 피가 맑아지고 눈도 밝아진대요. 불로초라고 부르는 영지버섯은 암을 이기는 약으로 쓰지요. 하지만 광대버섯같이 무서운 독버섯도 많으니 함부로 먹으면 안 됩니다.

분류 곰팡이 무리
잘 자라는 곳 어둡고 눅눅한 숲이나 나무에서 자란다.
꽃 피는 때 꽃이 피지 않는다.
따는 때 송이나 표고는 가을에 딴다.
쓰임 먹거나 약으로 쓰는데, 독버섯이 있으니 조심해야 한다.
가꾸기 표고는 참나무 껍질에 구멍을 뚫고 홀씨를 심는다.

벼

1994년 10월 경기도 반월

벼는 논이나 밭에 심어 기르는 한해살이 곡식입니다. 주로 우리나라나 동남아시아 사람들이 끼니 삼아 먹고 사는데, 밀과 함께 세계에서 가장 많이 심는 곡식이지요. 벼는 수염뿌리가 내리고 포기를 이루며 자랍니다. 줄기는 모여서 나고 키는 1m쯤 되는데 품종에 따라 낮게 자라는 것도 있어요. 잎은 어긋나게 붙고 끈 모양인데 앞쪽은 까칠까칠합니다. 7~9월에 줄기 끝에서 꽃이 피고 이삭이 맺지요. 이삭이 누렇게 익으면 고개를 숙입니다. 낟알은 왕겨라고 부르는 겉껍질에 싸여 있어요. 왕겨를 벗겨 내면 우리가 먹는 쌀이 나와요.

벼는 본디 열대 지방인 미얀마나 인도의 들판에서 저절로 자라고 있었대요. 우리나라에서도 아주 오래전부터 길렀는데, 3천 년쯤 지난 것이라고 여겨지는 불에 탄 볍씨도 발견되었답니다. 처음에는 따뜻한 강가에서 기르던 것을 농사법이 발달하면서 온 나라에 심어 기르게 되었어요. 지금은 품종을 개량하여 빨리 여무는 벼, 병충해에 강한 벼, 이삭 수가 많은 벼, 낟알이 큰 벼, 맛이 더 좋은 벼 따위를 개발하여 심고 있어요. 지금도 좀더 맛있고 많이 거두는 벼 품종을 만들어 내려고 애쓰고 있지요. 그러나 거꾸로 우리 토종 볍씨를 찾아서 기르는 사람들도 있습니다.

분류 벼과
잘 자라는 곳 논이나 밭에 심어 기른다.
다른 이름 베, 나락
꽃 피는 때 7~9월
베는 때 9~10월
쓰임 밥을 해 먹는다. 떡이나 다른 음식도 해 먹는다.

벼는 이렇게 길러요

벼는 본디 열대 지방에서 자라던 식물이기 때문에 따뜻하고 물이 많은 곳을 좋아해요. 추운 지방에서는 밭에다 씨를 뿌려 거두는 밭벼를 심지만 우리가 먹는 쌀은 논에 심어 기른 게 많지요. 볍씨를 심어서 알곡을 거둬들이기까지는 다섯 달쯤 걸립니다.

벼농사는 볍씨를 고르는 일부터 시작해요. 잘 여문 볍씨를 골라서 소금물에 담그고 손으로 저어서 가라앉은 볍씨만 건져 냅니다. 잘 여물고 알이 찬 씨앗은 무거워서 아래로 가라앉으니까요. 이렇게 골라낸 볍씨는 못자리에서 사십 일이 넘도록 길러요. 5월이 되면 못자리에서 모를 뽑아 논에 옮겨 심지요.

오랜 옛날에는 볍씨를 논에다 바로 뿌렸대요. 그런데 농사법이 발달해서 모내기를 하기 시작했어요. 모내기를 하면 힘은 많이 들어도 벼 포기가 커지고 나중에 낟알이 많이 열리기 때문이지요. 모내기를 할 때 모를 너무 깊이 심으면 뿌리가 썩고, 너무 얕게 심으면 모가 물에 떠서 죽기 때문에 알맞은 깊이로 심어야 해요. 요즘에는 이앙기라는 기계로 모를 내는 곳이 많지요. 모내기를 마치고 열흘쯤 지나면 벼는 뿌리를 튼튼히 내려요. 그리고 포기를 늘려 가기 시작하지요. 농사를 짓는 분들은 물꼬를 열었다 닫았다 하면서 논에 물이 알맞게 차도록 정성을 기울입니다.

또 피나 방동사니 같은 잡초도 뽑아 주고, 멸구 같은 해충이나 도열병 같은 전염병이 돌지 않도록 약을 치기도 해요. 요즘은 해로운 농약 대신 우렁이나 오리를 논에 풀어서 잡초나 해충을 물리치기도 하지요. 아무튼 옛말에 '벼는 사람 손이 여든여덟 번 가야 거둔다.'는 말이 있을 만큼 벼농사는 정성이 많이 들어가지요.

탐스러운 벼이삭들이 누렇게 익기 시작하면 벼를 벨 준비를 하지요. 벼를 제때에 거두어들여야 좋은 쌀을 얻을 수 있기 때문에 농사꾼들은 부지런히 논을 둘러봐요. 그리고 논바닥을 바싹 말린 다음 벼를 베기 시작하지요. 벼베기는 무척 고된 일이기 때문에 여러 사람이 힘을 모아서 했어요. 요즘은 콤바인이라는 기계로 많이 베는데 벼를 베면서 낟알은 낟알대로 짚은 짚대로 따로 모으는 일까지 하지요. 벼베기와 탈곡이 한 번에 이루어지는 셈이에요.

탈곡이 끝나면 한 해 벼농사는 끝이 나요. 그러나 밥을 지어 먹으려면 해야 할 일이 더 있어요. 벼 껍질인 왕겨를 벗겨 내는 일이지요. 우리가 먹는 새하얀 쌀은 왕겨를 벗겨 낸 뒤에도 속겨를 여러 번 벗겨 낸 거예요. 현미는 두껍고 까칠까칠한 왕겨만 한 겹 벗겨 낸 것이지요. 쌀겨를 많이 벗겨 낼수록 먹기는 부드러워도 양분은 줄어들지요. 씨눈까지 깎여 나간 새하얀 쌀은 중요한 양분이 다 빠져 버린 나머지나 마찬가지예요.

잘 여물고 알이 찬 볍씨를 못자리에다 뿌리고 있어요.

모판에서 모내기를 하려고 준비하고 있어요.

함께 힘을 모아서 모내기를 하고 있어요.

피 같은 잡초를 뽑고 있어요.

함께 힘을 모아서 벼를 베고 있어요.

낟알을 떨어내고 있어요.

보리

1994년 5월 경북 청도

보리는 밭이나 논에 심어 기르는 두해살이 곡식입니다. 밀처럼 가을에 씨앗을 뿌려서 이듬해 초여름에 거두어들이지요. 보통 콩이나 조를 거두어들이고 난 밭에 뿌리거나 논에 뿌려요. 어린잎으로 겨울을 나고 봄이 오면 쑥쑥 자라나서 6월이면 누렇게 익지요.

뿌리는 수염뿌리이고 줄기는 곧게 자라며 속이 비어 있고 매끌매끌합니다. 줄기에는 마디가 지는데 마디에서 끈처럼 생긴 긴 잎이 나옵니다. 4~5월쯤 줄기 끝에서 이삭이 나와서 노리끼리한 꽃이 피는데 이것을 '보리가 팬다.'고 불러요. 이삭에는 짧은 털이 있는데 나중에 끝이 길게 자라서 까끄라기가 됩니다. 바람의 도움으로 가루받이를 하면 알곡이 맺어서 6월쯤 여물어요. 보리의 겉겨를 벗겨 내면 우리가 먹는 보리쌀이 되지요.

보리는 매우 중요한 잡곡이에요. 초여름에 거두어들여서 쌀이 나오는 가을까지 밥을 지어 먹었으니까요. 보리는 가루를 내어 된장 담글 때도 쓰고 싹을 틔워 엿기름도 내지요. 엿기름으로는 식혜나 조청, 엿을 만들어 먹지요. 겉겨째로 볶아서 보리차를 만들기도 합니다. 맥주나 양주의 원료로도 쓴대요.

분류 벼과
잘 자라는 곳 밭에 심어 기른다.
다른 이름 맥, 겉보리
꽃 피는 때 4~5월
베는 때 6월
쓰임 밥을 해 먹는다. 또 엿기름을 내거나 볶아서 차를 만든다.
가꾸기 늦가을에 심고 이듬해 초여름에 거둔다.

복숭아나무(복사나무)

복숭아는 열매를 먹으려고 심어 기르는 작은키나무입니다. 아주 옛날부터 심어 길렀습니다. 지금 시장에서 사 먹는 복숭아는 서양에서 품종을 들여와서 기른 것이에요. 복숭아는 열매의 맛이나 색깔, 생김새에 따라서 백도나 황도나 천도라는 이름으로 부르기도 하지요.

  복숭아나무는 보통 5~8m까지 자랍니다. 어린 가지는 초록색이고 매끈하지만 자라면 껍질이 진한 붉은 갈색으로 바뀌고 세로로 트실트실하게 갈라집니다. 잎은 어긋나게 붙고 버들잎꼴에 끝이 뾰족하지요. 잎 앞쪽은 진한 초록색이고 뒤쪽은 연한 초록색이며 가장자리에 톱니가 있습니다. 꽃은 4~5월에 잎보다 먼저 피는데 연분홍색이나 붉은색을 띠어요. 꽃대가 짧아서 가지에 바싹 붙어서 핍니다. 복숭아꽃이나 살구꽃이 피면 온 동네가 다 환해지지요. 꽃이 지면 빽빽하게 털이 난 연두색 열매가 달리는데 노랗게 익는 것도 있고 연분홍색으로 익는 것도 있어요. 털이 없는 천도복숭아는 속까지 빨갛게 익지요. 씨앗은 단단하고 주름 무늬가 깊게 새겨져 있습니다.

  복숭아는 그냥 먹기도 하고 통조림을 만들기도 해요. 꽃잎은 술을 담그고, 씨앗은 기침약으로 쓰지요. 씨앗에서 기름을 뽑아서 비누를 만들기도 해요. 나무로는 농기구를 만들어 쓰지요.

분류 장미과
잘 자라는 곳 온 나라에서 저절로 나거나 심어 기른다.
다른 이름 복사나무, 복상, 복송
꽃 피는 때 4~5월
따는 때 7~8월
쓰임 열매를 날로 먹거나 통조림을 만든다. 씨앗은 약으로 쓴다.
가꾸기 봄에 씨를 뿌린다.

부추

1995년 9월 서울 동교동

부추는 심어 기르는 여러해살이 잎줄기채소입니다. 논둑이나 밭에 심기도 하지만 베어 먹기 쉽도록 뒤뜰에다 심기도 합니다. 밭에 심어 놓으면 포기가 많이 불어나서 큰 포기를 이룹니다. 특별히 거름을 주고 가꾸지 않아도 쑥쑥 자라지요. 또 뿌리만 남겨 두면 잎을 싹둑 잘라 먹어도 곧 새잎이 돋아납니다. 그러니 여름 내내 베어 먹을 수 있지요.

   여름에 잎 사이에서 30cm쯤 되는 꽃대가 올라와 꽃이 핍니다. 희고 자잘한 꽃들이 모여서 우산꼴로 피어나지요. 꽃이 지고 나면 달걀꼴 열매가 맺히는데 그 속에 까만 세모꼴 씨앗이 들어 있습니다.

   부추는 유난히 이름이 많은 풀입니다. 전라도에서는 솔이라고 하고, 충청도에서는 졸이라고 부릅니다. 경상도에서는 정구지라고 부르지요. 소풀이나 부채라고 부르는 곳도 있습니다.

   부추는 독특한 향기가 있어서 입맛을 돋웁니다. 날로 무쳐서 먹기도 하고 밀가루와 함께 부침개를 부치기도 하지요. 또 오이소박이나 김치에 넣으면 맛이 한결 좋아져요. 고추장에 박아서 장아찌를 담가 먹기도 합니다. 부추씨는 위장약으로도 씁니다.

분류 백합과
잘 자라는 곳 밭에 심어 기른다.
다른 이름 솔, 졸, 쫄, 정구지
꽃 피는 때 7~8월
베는 때 봄부터 여름
씨 여무는 때 10월
쓰임 잎줄기를 먹거나 약으로 쓴다.
가꾸기 봄이나 가을에 씨를 뿌린다.

사과나무

사과나무는 열매를 먹으려고 심어 기르는 큰키나무입니다. 선사 시대 유적지에서 불에 탄 사과가 나왔다니 무척 오래전부터 심어 길렀나 봐요. 우리나라에서는 백 년쯤 전부터 기르기 시작했어요. 품종도 여러 차례 개량하여 지금처럼 굵고 맛있는 사과를 먹을 수 있게 되었습니다. 본디 능금나무가 있기는 했지만 지금 우리가 먹는 사과와는 많이 달라요. 능금은 사과보다 훨씬 작고 맛도 조금 달라요. 지금은 꽃나무로 심을 뿐이지요.

사과나무는 높이가 10m쯤 되고 줄기는 잿빛을 띤 밤색이에요. 잎은 어긋나게 붙고 어린잎에는 부드러운 털이 있지요. 4~5월쯤 짧은 가지 끝에서 연분홍색 꽃이 피어납니다. 꽃이 지고 나면 꽃받침이 자라서 동그스름하고 양끝이 오목한 열매가 되지요.

사과는 배와 함께 가장 많이 기르는 과일 가운데 하나예요. 특히 경상북도와 충청북도에서 많이 기르지요. 청송과 문경, 예산과 충주는 사과 맛이 좋기로 이름난 고장이에요. 사과는 그냥 먹기도 하고 주스나 잼, 식초를 만들어 먹기도 해요. 하루에 한 알씩 먹으면 병치레를 안 한다는 말이 있을 정도로 우리 몸에 좋은 과일이랍니다.

분류 장미과
잘 자라는 곳 밭에 심어 기른다.
다른 이름 능금
꽃 피는 때 4~5월
따는 때 9~10월
쓰임 열매를 날로 먹거나 잼, 식초, 주스를 만든다.
가꾸기 늦가을에 묘목을 심는다.

살구나무

살구는 열매를 먹으려고 심어 기르는 큰키나무입니다. 높이는 보통 7m쯤 되고 나무껍질은 잿빛을 띠는 어두운 밤색이지요. 잎은 끝이 뾰족한 달걀꼴이고 가장자리에는 톱니가 있어요. 3~4월에 잎이 돋아나기 전에 연분홍색 꽃이 핍니다. 꽃잎은 다섯 장이지요. 열매에는 짧은 털이 있는데, 처음에는 연두색이지만 6월이 되면 누렇게 익습니다. 열매 속에는 딱딱한 씨앗이 하나씩 들어 있지요.

살구는 열매도 맛있고 봄에 피는 꽃도 무척 곱습니다. 복숭아꽃이나 살구꽃은 꽃대궐을 차렸다는 노랫말이 꼭 들어맞을 정도로 환하고 고와요. 그래서 과수원에서 따로 기르지 않더라도 집집마다 한두 그루씩 심어 두고 꽃도 보고 열매도 따 먹었습니다.

살구는 시고 달아서 날로 먹어도 맛이 있습니다. 또 잼이나 시럽을 만들어 먹기도 하지요. 살구씨는 기름도 짜고 약으로도 씁니다. 살구씨 기름은 비누나 향수나 화장품 재료로 쓰지요. 살구씨는 오래전부터 가래 기침약으로도 썼어요. 한약방에서는 살구씨를 행인이라는 이름으로 부르지요. 또 살구나무로 만든 목탁은 소리가 맑고 깨끗해서 스님들이 좋아합니다.

분류 장미과
잘 자라는 곳 담장 옆이나 마당에 심어 기른다.
다른 이름 살귀나무, 살구나무
꽃 피는 때 3~4월
따는 때 6월
쓰임 열매는 먹고, 씨앗은 약으로 쓴다.
가꾸기 봄에 묘목을 심는다.

상추

1997년 10월 강원도 원주

상추는 잎줄기를 먹으려고 심어 기르는 한해살이 잎줄기채소입니다. 상추는 기원전 6세기에 페르시아 사람들이 길러 먹었다고 해요. 우리나라에서도 2천 년쯤 전부터 기르기 시작했대요. 보통 봄에 씨를 뿌려 초여름에 잎을 뜯어 먹지요. 7월쯤 되면 줄기가 올라오고 꽃이 피는데, 그러면 상추가 뻣뻣해져서 못 먹게 돼요. 요즘은 온상에서 일 년 내내 길러 내니까 제철이 따로 없습니다.

상추는 종류에 따라 잎상추와 포기상추가 있어요. 잎상추는 줄기가 자라 오르면서 새잎이 나는 대로 한 잎씩 뜯어 먹지요. 포기상추는 포기째 뽑아 먹는데 잎이 연하고 물결처럼 생긴 주름이 많이 나 있습니다.

상추나 쑥갓은 집에서 기르기 쉬운 채소예요. 화분에다 몇 포기만 심어 두어도 초여름까지 뜯어 먹을 수 있도록 잘 자라니까요. 상추를 심으려면 봄에 모종을 사다가 심거나 씨앗을 바로 뿌립니다. 물만 잘 주면 병도 잘 안 걸리고 벌레도 안 먹으니까 어린이들도 쉽게 기를 수 있습니다.

상추로는 쌈을 싸 먹거나 겉절이를 해 먹습니다. 상추의 잎을 따거나 줄기를 자르면 뜨물 같은 흰 즙이 나오는데, 이 즙에는 수면제와 같은 약효가 들어 있어요. 그래서 상추쌈을 많이 먹으면 잠이 잘 오지요.

분류 국화과
잘 자라는 곳 뜰이나 텃밭에 심어 기른다.
다른 이름 부리, 부루, 상치
꽃 피는 때 여름
뜯는 때 초여름
씨 받는 때 여름
쓰임 잎줄기를 먹는다.
가꾸기 봄에 씨앗을 뿌리거나 모종을 심는다.

생강

1997년 5월 서울 불광동

생강은 뿌리줄기를 먹으려고 심어 기르는 여러해살이 풀입니다. 원산지는 인도인데 우리나라에서도 심어 기른 지가 천 년이 넘었다고 해요. 따뜻하고 비가 많은 곳을 좋아해서 우리나라에서는 남부 지방에서 많이 기르지요.

굵은 생강의 뿌리줄기는 옆으로 뻗고 살이 많습니다. 생김새는 울퉁불퉁하고 마디가 지는데 색깔은 누렇지요. 줄기는 뿌리줄기에서 곧게 올라오고 50~60cm 높이로 자랍니다. 잎은 가늘고 길며 끝이 뾰족해서 대나무잎을 닮았지요. 8~9월에 뿌리줄기에서 꽃대가 나오고 이삭처럼 생긴 노란색 꽃이 피어납니다. 그러나 우리나라 같은 온대 지방에서는 꽃이 잘 안 피어요. 우리가 먹는 생강은 가을에 뿌리줄기를 캐어 갈무리한 것이에요.

생강은 향기가 강하고 톡 쏘는 듯한 매운맛 때문에 양념으로 널리 써 왔어요. 특히 김치나 물김치에 많이 넣어 먹습니다. 달이거나 즙을 내어 생강차를 끓여 먹기도 해요. 또 설탕을 뿌린 뒤 말려서 과자 삼아 먹기도 하지요. 생강에는 위를 튼튼히 하고 몸을 따뜻하게 하는 약효가 들어 있어요. 열도 내리고 기침도 멎게 하지요. 그래서 옛날에는 겨울이면 집집마다 부엌 바닥에 생강을 몇 덩이쯤 묻어 두고 감기약으로 썼습니다.

분류 생강과
잘 자라는 곳 중부 이남에서 심어 기른다.
다른 이름 강, 새앙, 새양
꽃 피는 때 8~9월
캐는 때 가을
쓰임 뿌리줄기를 양념으로 먹거나 약으로 쓴다.
가꾸기 봄에 뿌리줄기를 심는다.

수박

1997년 7월 경북 예천

수박은 밭에 심어 기르는 한해살이 열매채소입니다. 가느다란 덩굴줄기는 땅 위를 기면서 뻗습니다. 잎은 어긋나게 붙고 깃꼴로 깊게 갈라지지요. 여름에 잎겨드랑이에서 노란 꽃이 하나씩 피어나는데 암꽃과 수꽃이 한 그루에 달립니다. 벌이나 나비가 가루받이를 해 주면 암술 밑에 달린 씨방이 자라서 수박이 됩니다. 수박 열매는 모양이 둥글고 물기가 많습니다. 열매 속은 붉고, 겉은 진한 초록색에 검푸른 줄무늬가 있습니다. 열매 속에는 동글납작하고 갸름한 검은색 씨앗이 들어 있지요. 우리가 먹는 것은 수박의 열매 속이지요. 씨앗으로는 기름을 짭니다.

수박은 원산지가 아프리카인데 세계 여러 나라에서 심어 기르고 있습니다. 요즘에는 온상에서 철을 가리지 않고 수박을 길러 내지만, 한여름에 먹는 수박이라야 제맛이 나지요. 특히 비가 적게 오고 더운 곳에서 자라난 수박이 달고 맛있습니다. 다 익은 수박은 물기가 유난히 많고 달아서 누구나 좋아합니다. 우리 몸에 좋은 양분도 많이 들어 있지요. 또 수박을 많이 먹으면 오줌이 잘 나와서 몸에 쌓여 있던 나쁜 찌꺼기를 걸러 냅니다.

분류 박과
잘 자라는 곳 밭에 심어 기른다.
다른 이름 서과, 수과
꽃 피는 때 5~6월
따는 때 6~8월
쓰임 열매를 먹거나 약으로 쓴다.
가꾸기 봄에 씨를 뿌리거나 모종을 심는다.

수수

1997년 10월 강원도 원주

수수는 밭에 심어 기르는 한해살이 곡식입니다. 다 자라면 높이가 2~3m에 이르지요. 줄기는 둥근 기둥처럼 생기고 마디가 져 있습니다. 줄기 껍질은 반질반질하고 줄기 속에는 가볍고 폭신폭신한 속살이 차 있지요. 잎은 어긋나게 붙고 옥수수잎과 생김새가 비슷한데 폭이 더 좁습니다. 잎맥은 벼나 옥수수처럼 나란히맥입니다. 여름에 줄기 끝에서 이삭이 나오고 꽃이 피지요. 이삭은 자라면서 붉은 밤색으로 바뀝니다. 낟알은 반반하고 질긴 이삭 껍질 속에 들어 있는데 다 여물면 껍질을 비집고 나오기도 합니다. 다 여문 수수는 이삭을 베어 감나무같이 높은 곳에 매답니다. 수수가 다 마르면 멍석 위에 널어 놓고 도리깨나 막대기로 낟알을 떨어내지요.

　수수로는 밥을 지어 먹거나 떡을 해 먹습니다. 아기들 생일에는 수수팥떡을 빼놓지 않습니다. 수수는 색깔이 빨개서 나쁜 기운을 물리친다고 믿었기 때문입니다. 팥과 함께 부침개를 부쳐 먹는데, 이 부침개를 수수부꾸미라고 부르지요. 또 엿을 고거나 술을 빚어 먹기도 합니다. 중국 사람들이 즐겨 먹는 고량주가 바로 수수로 빚은 술입니다. 우리 어린이들은 수수깡으로 재미있는 공작 놀이를 할 수 있지요.

분류 벼과
잘 자라는 곳 밭에 심어 기른다.
다른 이름 슈슈, 촉서, 고량
꽃 피는 때 7월
거두는 때 9~10월
쓰임 밥이나 떡을 해 먹는다. 수수깡으로는 놀잇감을 만든다.
가꾸기 봄에 씨를 뿌린다.

시금치

1997년 10월 강원도 원주

시금치는 밭에 심어 기르는 두해살이 잎줄기채소입니다. 더운 여름이 아니면 아무 때나 길러 먹을 수 있습니다. 그런데 늦가을에 씨앗을 뿌려서 어린잎으로 겨울을 나고 이른 봄에 뽑아 먹으면 가장 맛이 좋아요. 시금치는 연해서 끓는 물에 살짝 데쳐서 무치거나 된장국에 넣어서 먹습니다. 서양 사람들은 날로 먹는 시금치를 좋아한대요. 시금치를 많이 먹으면 피가 맑아지고 몸이 튼튼해지지요.

　시금치는 잎을 먹으려고 심기 때문에 줄기나 꽃을 보기가 힘들어요. 줄기는 곧게 자라고 다 자라면 높이가 50cm쯤 됩니다. 줄기 속은 비어 있지요. 뿌리잎은 땅에 바싹 붙어서 뭉쳐나지만 줄기잎은 어긋나게 붙습니다. 뿌리잎은 세모나거나 동그스름하게 생겼는데, 줄기잎은 위로 올라갈수록 점점 작아지지요. 잎자루도 위로 올라갈수록 짧아집니다. 암수딴그루 식물인데 수꽃은 수그루의 줄기 끝에 다닥다닥 붙어서 피어납니다. 암꽃은 암그루의 잎겨드랑이에 뭉쳐서 피지요. 9월이 되면 작고 납작한 씨앗이 여물어요. 씨앗이 여물면 손으로 비벼서 거친 것만 받아야 해요. 맨질맨질한 씨앗은 뿌려도 싹이 잘 트지 않는답니다.

분류 명아주과
잘 자라는 곳 밭에 심어 기른다.
다른 이름 포항초
꽃 피는 때 5월
뽑는 때 봄
씨 받는 때 9~10월
쓰임 뿌리잎을 먹는다.
가꾸기 늦가을에 씨를 뿌린다.

쑥갓

1997년 10월 경북 상주

쑥갓은 밭에 심어 기르는 한해살이 잎줄기채소입니다. 지중해 바닷가가 원산지인데 지금은 우리나라를 비롯해 동양에서 많이 기르고 있지요. 서양에서는 꽃을 보려고 기를 뿐이에요.

　쑥갓은 맛도 좋고 향기도 좋아서 찌개나 국을 끓일 때 많이 넣어 먹지요. 생선찌개나 매운탕에 넣으면 비린내가 가시고 국물맛이 시원해져서 아주 잘 어울립니다. 또 상추와 함께 날로 쌈을 싸 먹어도 좋아요. 시금치처럼 살짝 데쳐서 무쳐 먹기도 하지요.

　쑥갓은 집에서도 손쉽게 기를 수 있어요. 심어 기를 때는 빈 상자나 화분에 흙을 담고 씨를 뿌린 뒤 흙을 살짝 덮어 줍니다. 해가 잘 드는 곳에 두고 물을 자주 주면 금방 싹이 터 오릅니다. 너무 촘촘히 난 것은 솎아 주어야 하지요. 이렇게 해서 10cm쯤 자라면 솎아서 먹기 시작해요. 그러다가 키가 자라면 곁가지를 잘라 먹지요. 쑥갓은 곁가지를 잘라도 또 나와요. 그래서 이른 봄에 씨앗을 뿌리면 여름까지 두고두고 먹을 수 있지요. 5월쯤 되면 노란 꽃이 피는데 꽃송이가 크고 탐스러워서 보기에도 무척 좋습니다. 다 자란 쑥갓은 키가 30~60cm쯤 되지요.

분류 국화과
잘 자라는 곳 밭에 심어 기른다.
꽃 피는 때 5~8월
뜯는 때 봄부터 초여름
씨 여무는 때 9월
쓰임 잎을 먹는다.
가꾸기 봄에 씨를 뿌린다.

양배추

1997년 8월 서울 불광동

양배추는 밭에 심어 기르는 한해살이 잎줄기채소입니다. 원산지는 유럽 남부의 바닷가인데, 기원전 6세기 무렵부터 기르기 시작했대요. 우리나라에서 기르기 시작한 지는 백 년쯤 되었대요.

양배추는 줄기가 굵고 짧습니다. 잎은 매끈하고 두꺼우며 폭이 넓지요. 겉잎은 청록색이고 속잎은 흰색에 가까운 연녹색이에요. 잎이 자주색인 것도 있지요. 잎은 자라면서 빽빽하게 겹쳐서 공처럼 단단해지는 특성이 있습니다. 대개 손으로 눌러 봐서 단단하게 여물었으면 베어 먹지요. 베지 않고 그대로 두면 잎이 벌어지고 꽃대가 올라옵니다. 줄기 끝에는 연노란색 꽃들이 여러 송이 피지요.

양배추는 가을에 심어서 이듬해 늦봄부터 거두는 봄양배추가 있고, 봄에 씨앗을 뿌려서 가을에 거두어들이는 가을양배추가 있어요. 양배추는 숭숭 썰어서 무치거나 김치를 담가 먹습니다. 샐러드라는 서양식 무침으로도 많이 해 먹어요. 또 찌거나 삶아서 쌈을 싸 먹기도 하지요. 약으로도 쓰는데, 양배추즙은 위나 장이 헐어서 아픈 사람에게 좋대요. 입안이 헐었을 때도 물에 섞어 마시면 좋다고 해요.

분류 십자화과
잘 자라는 곳 밭에 심어 기른다.
다른 이름 캐비지, 가두배추
꽃 피는 때 4월
거두는 때 봄에 씨를 뿌리면 가을에 거두고, 가을에 뿌리면 이듬해 봄에 거둔다.
쓰임 무쳐 먹거나 쪄서 먹는다.
가꾸기 봄이나 가을에 씨를 뿌린다.

양파

양파는 밭이나 논에 심어 기르는 두해살이 채소예요. 우리가 먹는 것은 땅속 비늘줄기지요. 비늘줄기는 지름이 10cm 안팎으로 자라요. 동글납작한 모양에 여러 겹의 비늘잎으로 이루어져 있어요. 얇은 바깥쪽 비늘잎은 붉은 밤색이고, 두꺼운 안쪽 비늘잎은 흰색이지요. 비늘줄기를 자르면 매운 냄새가 납니다. 줄기는 곧게 자라고 속이 빈 둥근 기둥처럼 생겼어요. 잎은 두세 개 나는데 속이 비어 있지요.

양파는 보통 가을에 씨를 뿌려서 이듬해 늦은 봄에 뽑아 먹습니다. 뽑지 않고 두면 씨를 뿌린 지 이 년째 초여름에 굵은 꽃대가 뻗어 나와서 1m쯤 길게 자랍니다. 꽃대 끝에는 흰색이나 자주색을 띤 수많은 작은 꽃들이 공처럼 둥글게 모여서 피어나지요.

양파는 원산지가 이란과 같은 서남아시아 지역이에요. 지금은 세계 여러 나라에서 심어 기릅니다. 양파는 코를 톡 쏘는 매운맛 때문에 온갖 음식에 양념으로 쓰여요. 특히 고기나 생선과 함께 익히면 누린내나 비린내를 없애 주지요. 장아찌로 담거나 그냥 찍어 먹기도 해요. 싱싱한 양파는 껍질만 까도 눈물이 날 정도로 짙은 향기가 나지만, 익히면 짙은 향기와 매운맛은 없어지고 달짝지근한 맛이 나지요.

분류 백합과
잘 자라는 곳 밭에 심어 기른다.
다른 이름 옥파, 둥굴파
꽃 피는 때 씨를 뿌린 이듬해 초여름
캐는 때 늦은 봄
쓰임 양념으로 쓰거나 약으로 쓴다.
가꾸기 가을에 씨를 뿌린다.

오이

　오이는 열매를 먹으려고 심어 기르는 한해살이 열매채소입니다. 덩굴손이 버팀대 따위를 감으면서 자라납니다. 줄기에는 가시털이 빽빽이 나 있지요. 잎은 호박잎과 비슷하게 생겼는데 크기가 좀 작고 잎 가장자리에는 들쑥날쑥한 톱니가 있습니다. 잎 색깔은 진한 초록색이고 까끌까끌한 털이 났어요. 여름에 잎겨드랑이에서 노란 꽃이 피는데 암꽃과 수꽃이 따로 핍니다. 우리가 먹는 오이는 암꽃의 씨방이 길게 자라난 것이지요. 열매는 길고 둥근데 세로로 골이 집니다. 가시처럼 생긴 돌기가 오톨도톨하게 나 있습니다. 열매는 처음에는 진한 초록색이다가 다 익으면 누렇게 바뀌지요. 다 익은 열매 속에는 갸

분류 박과
잘 자라는 곳 밭에 심어 기른다.
다른 이름 물외, 외
꽃 피는 때 5~7월
따는 때 6~8월
쓰임 열매를 먹고 약으로 쓴다.
가꾸기 봄에 씨를 뿌리거나 모종을 심는다.

름하고 노르스름한 씨앗들이 들어 있습니다.

　오이는 봄에 씨앗을 뿌려 두면 여름 내내 열매를 따 먹을 수 있습니다. 기르기도 쉬워서 덩굴이 타고 올라갈 수 있도록 버팀대만 세워 주면 무럭무럭 자라나지요. 보통 누렇게 여물기 전에 따서 먹어요. 누렇게 익은 오이는 노각이라고 부르는데, 껍질을 벗기고 씨를 파낸 다음 무치거나 장아찌를 만들어 먹습니다. 오이는 맛도 좋지만 열을 식혀 주는 약효를 지니고 있습니다. 그래서 불에 덴 곳이나 햇빛에 익은 상처에 붙이기도 하지요.

1993년 7월 경기도 안양

옥수수

수꽃과 암꽃이 핀 옥수수 1993년 8월 경기도 반월

옥수수는 밭에 심어 기르는 한해살이 곡식입니다. 줄기는 높이가 1~3m로 곧게 자랍니다. 줄기는 둥근 기둥 모양인데 겉이 반질반질합니다. 줄기가 땅과 만나는 곳에서 곁뿌리가 나와서 받침대 노릇을 하지요. 잎은 어긋나게 붙고, 넓적한 끈처럼 생겼습니다. 잎 가장자리는 물결처럼 주름이 잡혀 있어요. 잎 가운데는 단단한 중심줄이 뻗쳐 있고 잎맥은 나란히맥이지요. 여름철 줄기 끝에 솟아나는 이삭꽃이 수꽃이고, 잎겨드랑이에서 죽순처럼 돋아나는 꽃이 암꽃입니다. 우리가 옥수수수염이라고 하는 것은 암꽃의 암술머리입니다. 옥수수수염은 처음에는 하얗고 촉촉하지만 가루받이가 끝나면 붉게 바뀝니다. 그러다가 열매가 다 익을 때쯤 되면 시들어서 말라 버리지요.

　옥수수는 본디 미국 인디언들이 기르던 곡식으로 알려졌는데 지금은 세계 곳곳에서 기르고 있습니다. 우리나라에서는 강원도에서 많이 심지요. 산이나 모래땅에 사는 사람들 가운데는 쌀이나 보리, 밀 대신 옥수수를 먹고 사는 사람도 많아요. 옥수수는 쪄서 먹기도 하고, 완전히 여문 알갱이를 떼어 밥을 짓거나 죽을 쑤어 먹기도 합니다. 가축도 먹이지요. 옥수수수염은 오줌내기 약으로 씁니다.

분류 벼과
잘 자라는 곳 밭에 심어 기른다.
다른 이름 강냉이, 옥출, 옥고량
꽃 피는 때 7~8월
따는 때 9~10월
쓰임 열매를 사람이나 가축이 먹는다.
가꾸기 봄에 씨를 뿌린다.

완두

1997년 6월 서울 대조동

완두는 열매를 먹으려고 심어 기르는 한해살이 덩굴식물입니다. 원산지는 유럽인데 청동기 시대 유적지에서도 흔적을 발견한다니 무척 오래전부터 길렀나 봐요. 지금은 세계 여러 나라에서 심어 기르고 있어요. 완두 줄기는 높이가 1m쯤 되고 속이 비고 둥근 기둥처럼 생겼어요. 잎은 어긋나게 붙는데 작은 쪽잎이 깃꼴로 나란히 붙은 겹잎이지요. 잎 끝에는 덩굴손이 나와서 버팀대를 감고 올라가지요. 완두의 덩굴손은 쪽잎이 바뀐 것이래요. 5월쯤 잎겨드랑이에서 나비처럼 생긴 꽃이 피어나지요. 꽃이 시들면 꼬투리 열매가 맺힙니다. 꼬투리 속에는 동그란 연두색 씨앗이 나란히 들어 있어요.

완두는 봄에 심기도 하고, 가을에 심기도 해요. 남부 지방에서는 늦가을에 많이 심어요. 어린싹으로 겨울을 나고 이듬해 봄이 되면 무럭무럭 자라나지요. 이 무렵에 버팀대를 세워 주면 덩굴손이 감고 올라가면서 잘 자라나요. 6월이 되면 누렇게 익은 완두를 거두어들입니다. 그리고 나서 햇빛에 충분히 말린 다음 열매를 떨어내지요.

완두콩은 밥에 놓아 먹거나 여러 가지 요리에 써요. 덜 여물었을 때 따서 통조림을 만들기도 하지요. 덜 익은 완두를 꼬투리째로 삶아 먹기도 합니다. 잎과 줄기는 집짐승을 먹여요. 멘델이라는 학자는 완두콩으로 생명체의 유전 법칙을 연구했지요.

분류 콩과
잘 자라는 곳 밭에 심어 기른다.
꽃 피는 때 5~6월
익는 때 6월
쓰임 열매를 먹는다.
가꾸기 늦가을에 씨를 뿌린다.

우엉

1997년 10월 경북 상주

우엉은 밭에 심어 기르는 두해살이 뿌리채소입니다. 우리나라 토박이 식물은 아니지만 아주 오래전부터 가꾸어 왔어요. 보통 봄이나 가을에 씨를 뿌려서 이듬해 봄이나 가을에 캐 먹습니다. 여름에 캐는, 뿌리가 가는 우엉은 새우엉이라고 하지요.

우엉은 줄기가 150cm 높이로 자라고, 뿌리는 30~60cm쯤 곧게 내립니다. 뿌리는 살이 쪄서 굵어요. 뿌리잎은 모여나고 줄기잎은 잎자루가 길고 어긋나게 붙지요. 잎은 크고 둥글며 가장자리가 물결처럼 생겼어요. 씨앗을 뿌린 지 두 해째 되는 여름에 줄기와 가지 끝에서 엉겅퀴꽃을 닮은 자주색 꽃이 피지요. 9월이 되면 밤색 열매가 익습니다.

우엉 뿌리는 검은색인데 껍질을 벗기면 불그레한 빛이 도는 흰색 살이 나옵니다. 우엉은 향기로우면서도 사각사각 씹히는 느낌이 좋아서 많이 먹어요. 간장을 넣고 졸여서도 먹고 김밥에도 넣어 먹지요. 장아찌를 담기도 합니다. 우엉의 뿌리와 씨앗은 오래전부터 약으로 썼어요. 한약방에서 쓰는 우방근이라는 약재는 우엉의 뿌리를 말린 것이고, 우방자라는 약재는 우엉의 씨앗이랍니다.

분류 국화과
잘 자라는 곳 밭에 심어 기른다.
다른 이름 우웡, 우채, 우방
꽃 피는 때 7~8월
캐는 때 6~7월
쓰임 뿌리를 먹는다. 뿌리와 씨앗은 약으로 쓴다.
가꾸기 봄이나 가을에 씨를 뿌린다.

인삼

1997년 10월 강원도 둔내면

인삼은 깊은 산 나무숲 그늘진 곳에서 자라거나 밭에 심어 기르는 여러해살이 약초입니다. 산에서 캔 것은 산삼이라고 부르지요. 우리나라 토박이 식물이고 약효가 뛰어나기로 세계에서 알아주는 약초예요. 요즘은 차나 음료수를 만들어 먹기도 하지요. 약으로 쓸 때는 심은 지 6년이 된 것을 가장 많이 씁니다.

요즘은 다른 나라에서도 심어 기르지만 옛날부터 우리나라에서 나는 인삼을 가장 높이 쳤어요. 그 가운데서도 개성 인삼이 가장 약효가 좋대요. 충청도 금산, 경상도 풍기, 경기도 포천이나 강화 지방에서도 많이 나지요. 인삼은 그늘진 곳을 좋아하기 때문에 밭에 심어 기를 때는 그늘을 만들어 주어야 해요. 그래서 인삼밭을 지나다 보면 짚이나 검은 천으로 된 그늘막이 줄지어 있는 것을 볼 수 있어요.

인삼은 뿌리가 하얗고 땅속으로 곧게 뻗습니다. 뿌리 모양이 사람 몸뚱이를 많이 닮았지요. 줄기는 높이가 50~60cm 정도이고 곧게 자랍니다. 잎은 줄기 끝에 네댓 장씩 돌려 붙는데 어린잎은 쪽잎이 세 장, 다 자란 잎은 쪽잎이 다섯 장씩 모인 겹잎이에요. 6~7월쯤 줄기 끝에서 긴 꽃대가 나오고 연한 녹색 꽃들이 우산처럼 모여서 핍니다. 열매는 여름에 붉게 익습니다.

분류 두릅나무과
잘 자라는 곳 깊은 산속에 저절로 나거나 밭에 심어 기른다.
다른 이름 산삼, 삼
꽃 피는 때 6~7월
캐는 때 심은 지 3~6년이 지나고 난 가을
쓰임 뿌리를 약으로 쓴다. 차를 만들어 마시기도 한다.
가꾸기 봄이나 가을에 씨를 뿌린다.

자두나무

자두나무는 열매를 먹으려고 심어 기르는 큰키나무입니다. 우리나라는 제주도를 뺀 온 나라에서 심어 기르는데 경상북도에서 가장 많이 심어 기른다고 해요. 보통 밭둑에 한두 그루 심어 두고 기르는데 과수원에서 한꺼번에 기르기도 합니다. 꽃이 예뻐서 뜰에 심어 기르기도 하지요. 가지는 매끈하고 윤이 납니다. 잎은 어긋나게 붙고 좁은 타원꼴에 끝이 뾰족합니다. 잎 가장자리는 자잘한 톱니가 있고 앞쪽은 윤이 나지만 뒤쪽은 잎맥 위에 털이 나 있습니다. 봄에 잎이 나기 전에 흰색 꽃이 핍니다. 꽃은 벚꽃을 닮았습니다. 꽃이 지고 나면 동그란 열매가 맺는데 처음에는 연두색이다가 익으면 노랗거나 빨갛게 바뀝니다. 열매껍질에는 희끗희끗한 분이 발라져 있습니다. 열매 속에는 납작하고 딱딱한 타원꼴 씨앗이 들어 있습니다. 열매살은 시고 달지요.

자두는 본디 신맛이 매우 강합니다. 그래서 자두라는 이름만 들어도 눈이 찡긋해지고 입안에 침이 고여 들지요. 그런데 요즘에는 품종을 개량해서 굵고 맛이 단 자두를 많이 기릅니다. 속살이 유난히 빨간 자두도 나오지요. 이 자두는 수박자두 또는 피자두라고 부릅니다. 자두의 씨앗과 뿌리는 가래 기침약으로도 씁니다.

분류 장미과
잘 자라는 곳 밭이나 뜰에 심어 기른다.
다른 이름 오얏나무, 추리나무, 옹아나무
꽃 피는 때 4월
따는 때 7~8월
쓰임 열매를 날로 먹거나 잼을 만들어 먹는다.
가꾸기 접을 붙여 묘목을 만들어 심는다.

조

1997년 10월 경북 상주

조는 밭에 심어 기르는 한해살이 곡식입니다. 줄기는 곧게 자라고 높이가 1m를 넘지요. 줄기는 둥근 기둥꼴이고 마디가 지는데 털이 없고 반질반질합니다. 잎은 끈이나 긴 칼처럼 생겼고 나란히맥입니다. 잎의 앞쪽은 까칠까칠하고 뒤쪽은 윤기가 나지요. 여름에 줄기 끝에 강아지풀처럼 생긴 이삭이 올라옵니다. 이삭에는 꽃잎이 없는 작은 꽃들이 빽빽이 붙어 있지요. 이삭이 노랗게 익으면 고개를 숙이고 아래로 늘어집니다. 이삭에는 낟알마다 짧은 까끄라기가 붙어 있습니다.

조는 기원전 7천 년쯤부터 심어 길렀던 중요한 곡식입니다. 이런 사실은 석기 시대 집터에서 불에 탄 좁쌀 재가 나왔기 때문에 미루어 짐작할 수 있었지요. 조는 벼, 보리, 밀, 수수, 옥수수 따위와 함께 없어서는 안 될 끼닛거리이지요. 우리나라에서도 이삼십 년 전까지만 해도 좁쌀로 밥을 지어 먹는 곳도 많았습니다. 거칠고 메마른 땅에서도 잘 자라서 제주도나 강원도 산간 마을에서 많이 길렀어요. 조는 보통 보리와 함께 심어 기릅니다. 보리가 많이 자랐을 때 이랑 사이로 씨앗을 뿌리지요. 보리를 베고 나면 김을 매고 솎아 줍니다. 그리고 벼를 벨 때쯤 거두어들이지요.

분류 벼과
잘 자라는 곳 밭에 심어 기른다.
다른 이름 서숙
꽃 피는 때 7~8월
거두는 때 9~10월
쓰임 밥을 지어 먹거나 술을 빚는다. 병아리나 새 모이로도 많이 쓴다.
가꾸기 봄에 씨를 뿌린다.

참깨

1997년 9월 경기도 고양

참깨는 밭에 심어 기르는 한해살이풀입니다. 줄기는 곧게 자라고 높이는 1m까지 자랍니다. 네모진 줄기나 잎에는 짧은 솜털이 덮여 있습니다. 잎은 줄기 밑부분에서는 마주나지만 위로 가면서 어긋나게 붙습니다. 7~8월에 줄기 위쪽 잎겨드랑이에서 연보라색 꽃이 피어나지요. 열매는 둥근 기둥꼴이고 보통 네댓 쪽으로 갈라지지요. 열매 속에는 노르스름하고 납작한 작은 씨앗들이 들어 있습니다. 씨앗이 검은색을 띠는 깨도 있는데 이것을 검은깨나 흑임자라고 부르지요.

　　참깨가 풍기는 고소한 냄새는 참깨 속에 들어 있는 기름 냄새입니다. 참기름에는 우리 몸에 좋은 양분이 많이 들어 있지요. 참기름은 여러 가지 음식에 양념으로 쓸 뿐 아니라 약으로도 많이 씁니다. 불에 데거나 상처 난 자리에도 바르고, 고름을 빨아내는 고약을 만들 때 쓰기도 한답니다. 참깨를 볶아서 깨소금을 만들기도 하고, 송편 속에도 넣어 먹지요. 검은깨는 갈아서 깨죽을 쑤기도 합니다. 노인이나 병을 오래 앓고 난 사람은 깨죽을 먹고 힘을 냈습니다. 깨죽을 많이 먹으면 늙어도 머리가 희어지지 않고 숱도 많아진대요. 추석이나 설날 같은 명절이 오면 깨를 조청에 버무려서 강정을 만들어 먹었어요.

분류 참깨과
잘 자라는 곳 밭에 심어 기른다.
다른 이름 호마, 유마
꽃 피는 때 7~8월
거두는 때 9~10월
쓰임 깨소금을 볶거나 참기름을 짠다.
가꾸기 봄에 씨앗을 뿌린다.

참외

1994년 8월 경기도 안양

참외는 밭에 심어 기르는 한해살이 열매채소입니다. 덩굴줄기는 땅 위로 길게 뻗어 나가는데 가시털이 있고 마디에서 덩굴손이 나옵니다. 잎은 어긋나게 붙고 호박잎을 닮았는데 그보다 크기가 작습니다. 참외는 오이나 수박, 호박처럼 암꽃과 수꽃이 한 그루에 피지요. 여름에 노란 꽃이 피는데, 암꽃의 씨방이 자라서 우리가 먹는 참외가 됩니다. 열매는 처음에는 연두색이다가 익으면 노랗게 바뀌지요. 꽃이 핀 지 한 달쯤 지나면 노랗게 익은 열매를 따 먹을 수 있어요. 열매는 물기가 많고 여물면 단맛이 납니다. 다 익은 열매 안에는 노르스름하고 납작한 씨앗이 많이 들어 있지요. 이 씨앗은 열매와 함께 동물 몸속으로 들어가서 똥과 함께 밖으로 다시 나옵니다. 똥으로 나온 참외씨에서도 싹이 트고 열매가 열리는데 이것을 개똥참외라고 해요.

우리가 사 먹는 참외는 껍질이 아주 노란 것이 많습니다. 그런데 옛날에는 초록색 바탕에 검푸른 줄이 나 있는 개구리참외를 많이 먹었어요. 또 흰색에 가까운 참외도 많았습니다. 참외는 과일처럼 날로 먹지만 장아찌를 담가 먹기도 합니다. 또 참외꼭지는 체한 데 약으로 쓰지요.

분류 박과
잘 자라는 곳 밭에 심어 기른다.
다른 이름 외, 참의, 진과
꽃 피는 때 6~7월
따는 때 7~8월
쓰임 열매를 날로 먹는다.
가꾸기 봄에 씨를 뿌리거나 모종을 심는다.

콩

1994년 9월 경기도 안양

콩은 밭에 심어 기르는 한해살이 곡식입니다. 줄기는 60cm 높이로 자라고 연한 밤색 털로 덮여 있습니다. 잎은 어긋나게 붙고 쪽잎 세 장으로 된 겹잎입니다. 7~8월에 잎겨드랑이에서 나비처럼 생긴 꽃이 피어납니다. 꽃 색깔은 자주색도 있고 흰색도 있지요. 열매는 긴 타원꼴 꼬투리 열매입니다. 꼬투리 안에는 서너 개의 씨앗이 들어 있지요. 씨앗은 처음에는 연두색이지만 여물면 누런색으로 바뀝니다. 씨앗의 색깔이 검은 콩도 있지요.

콩은 따로 심기도 하지만 밀밭이나 보리밭에 많이 심습니다. 초여름 밀밭이나 보리밭 이랑 사이에 심어서 가을에 거두어들이지요. 콩을 심어 기르면 땅을 기름지게 해서 이래저래 많이 심어 기릅니다.

콩은 쓰임새가 참 많은 곡식입니다. 알이 굵은 메주콩은 장을 담거나 갈아서 두부를 만들어요. 알이 조금 작은 콩나물콩으로는 콩나물을 내지요. 그뿐 아니라 볶아서 오독오독 씹어 먹기도 하고 가루를 내어 먹기도 해요. 또 여름에는 콩잎으로 장아찌를 담거나 쪄서 밥을 싸 먹기도 합니다. 콩깍지나 마른 콩대는 소가 아주 좋아하지요. 또 콩기름은 먹기도 하고 비누나 인쇄 물감 같은 공업 제품도 만들어요.

분류 콩과
잘 자라는 곳 밭에 심어 기른다.
다른 이름 대두
꽃 피는 때 7~8월
거두는 때 9~10월
쓰임 밥에 넣어 먹기도 하고, 두부를 하거나 메주를 쑨다.
가꾸기 봄에 씨를 뿌린다.

토란

1997년 9월 경기도 고양

토란은 잎자루나 덩이줄기를 먹으려고 심어 기르는 여러해살이풀입니다. 원산지는 열대 아시아 지방인데 지금은 우리나라 곳곳에서 심어 기르지요. 눅눅한 땅을 좋아해서 우물가나 도랑가에 많이 심습니다. 높이는 80cm 안팎이고 덩이줄기로 무리를 늘려 갑니다. 잎은 뿌리에서 나와 높이 자라지요. 잎자루는 높이 자라면 1m에 이르는 것도 있어요. 잎은 넓은 타원꼴이고 털이 없으며 가장자리는 밋밋하지요. 8~9월이면 노란색 꽃이 피는데 열매는 맺지 않습니다.

토란의 덩이줄기는 토란국을 끓여 먹지요. 토란국은 송편과 함께 추석날 먹는 명절음식이에요. 잎자루는 토란대라고 부르는데 껍질을 벗겨서 국에 넣거나 볶아 먹어요. 말려 두었다가 먹기도 하지요. 토란은 독이 있는 식물이에요. 그래서 토란 뿌리나 토란대는 물에 담가서 독을 우려내고 먹어야 해요. 또 토란을 잘못 만지면 독이 올라서 살갗이 벌겋게 부어 오르기도 하니까 조심해야 하지요.

토란잎은 유난히 넓어요. 옛날에는 어린이들이 우산 대신 쓰고 놀았답니다. 우리 부모님들도 어렸을 때 갑자기 소나기를 만나면 커다란 토란잎을 따서 머리에 쓰고 뛰어갔다고 해요.

뿌리 1997년 9월 강원도 횡성

분류 천남성과
잘 자라는 곳 물기가 넉넉한 밭에 심어 기른다.
꽃 피는 때 8~9월
줄기 뜯는 때 여름
캐는 때 추석 무렵
쓰임 줄기와 덩이줄기를 먹는다.
가꾸기 봄에 덩이줄기를 심는다.

토마토

토마토는 밭에 심어 기르는 한해살이 열매채소입니다. 잎과 줄기에는 가는 털이 성기게 나고 독특한 냄새가 납니다. 줄기는 1.5m쯤으로 높이 자라는데 처음에는 곧게 자라다가 자라면 옆으로 눕습니다. 그래서 버팀대를 세워서 곧게 서도록 도와주지요. 잎은 어긋나게 붙고 깃꼴로 갈라진 겹잎인데 가장자리에 톱니가 있습니다. 7월쯤 되면 줄기 윗부분에서 접시처럼 생긴 노란색 꽃이 피지요. 꽃이 지면 둥글납작한 열매가 열리는데 열매는 무르고 물기가 많습니다. 열매 크기는 보통 어린이 주먹만 하지만, 요즘에는 자잘한 방울토마토도 많이 기르지요.

토마토는 본디 남아메리카 안데스산맥에서 살던 것입니다. 지금은 세계 여러 나라에서 길러 먹는데 우리나라에서 기른 지는 얼마 되지 않습니다. 할머니나 할아버지 들은 땅감이나 일년감이라고 불렀지요. 우리는 토마토를 날로 먹지만 서양에서는 튀기거나 삶아서도 먹어요. 양념으로도 많이 씁니다. 어린이들이 좋아하는 캐첩도 토마토를 삶아서 만든 양념이지요. 토마토 캐첩은 새콤달콤해서 기름진 음식과 썩 잘 어울리지요.

분류 가지과
잘 자라는 곳 밭에 심어 기른다.
다른 이름 땅감, 일년감
꽃 피는 때 6~9월
따는 때 7~9월
쓰임 날로 먹거나, 삶아서 양념으로 쓴다.
가꾸기 봄에 씨를 뿌리거나 모종을 심는다.

파

파는 밭에 심어 기르는 여러해살이 잎줄기채소입니다. 비늘줄기는 굵어지지 않고 하얀 수염뿌리가 많이 나 있습니다. 잎이 대롱처럼 속이 비어 있지요. 꽃은 6~7월에 줄기 끝에 피어납니다. 하얗고 자잘한 꽃이 공처럼 모여서 피어나지요. 꽃이 지고 나면 까만 씨가 튀어나옵니다.

파는 비늘줄기를 심거나 씨앗을 뿌려서 기르기도 해요. 비늘줄기를 심는 종류로는 쪽파가 있고 실파나 대파는 씨앗을 뿌려서 가꾸지요. 쪽파는 이른 봄에 심으면 늦은 봄에 먹도록 자라고, 늦여름에 심은 것은 김장할 때쯤 되면 먹을 수 있도록 자랍니다. 실파나 대파는 대개 가을에 씨앗을 뿌립니다. 씨앗에

분류 백합과
잘 자라는 곳 밭에 심어 기른다.
다른 이름 총, 움파
꽃 피는 때 5~6월
씨 여무는 때 6~7월
쓰임 양념으로 쓰고, 뿌리는 약으로 쓴다.
가꾸기 가을에 씨를 뿌린다.

서 싹이 터서 파란 잎으로 겨울을 나면 이듬해 봄부터 뽑아 먹지요. 우리가 먹는 것은 비늘줄기와 잎이에요. 파는 마늘과 함께 온갖 반찬에 양념으로 쓰입니다. 독특한 냄새가 있어서 비린내나 누린내를 없애 줄 뿐 아니라 입맛도 돋우어 주지요. 이 냄새 때문에 싫어하는 어린이도 있지만 자주 먹다 보면 곧 익숙해진답니다. 또 익힌 파는 냄새도 거의 안 나고 달짝지근해서 맛있게 먹을 수 있습니다. 뿌리는 귤껍질이나 생강과 함께 달여서 감기약으로 먹지요.

호박벌이 앉아 있는 파꽃

1993년 7월 경기도 안양

팥

1997년 9월 경기도 고양

팥은 밭에 심어 기르는 한해살이 잡곡입니다. 줄기는 곧게 자라거나 조금 기울어져서 자라지요. 높이는 30~60cm쯤 되고 긴 털이 나 있어요. 잎은 어긋나게 붙고 다른 콩과 식물처럼 세 장의 쪽잎으로 이루어진 겹잎이에요. 쪽잎은 달걀꼴인데 콩잎보다 갸름하고 끝도 더 뾰족하지요. 8월쯤 잎겨드랑이에서 나비처럼 생긴 노란 꽃이 여러 개 모여서 피어납니다. 꽃이 지고 나면 길고 가는 꼬투리 열매가 맺어요. 꼬투리 속에는 열 개 안팎의 검붉은 팥알이 들어 있는데 9~10월에 여물지요.

우리 겨레는 팥이 나쁜 기운을 물리친다고 믿었어요. 팥은 다른 곡식과 달리 껍질이 유난히 붉어서 귀신들이 싫어한다고 믿었기 때문이지요. 그래서 동짓날이 되면 팥죽을 끓여 먹으면서 풍년이 오기를 빌고, 이사를 하면 팥죽을 해서 문에 바르거나 시루떡을 해서 이웃과 나누어 먹지요. 아기 돌맞이 수수팥떡에도 꼭 팥고물이 들어갔어요. 요즘에는 설탕과 함께 삶아서 빵이나 팥빙수에 많이 넣어요. 양갱도 팥으로 만들어요. 팥잎은 쪄서 먹기도 하고 장아찌를 박기도 합니다. 마른 팥깍지는 소를 먹이지요.

분류 콩과
잘 자라는 곳 밭에 심어 기른다.
꽃 피는 때 8월
여무는 때 9~10월
쓰임 밥에 넣거나 떡고물을 한다.
가꾸기 봄에 씨를 뿌린다.

포도나무

1993년 9월 경기도 안양

포도는 열매를 먹으려고 심어 기르는 덩굴나무입니다. 원산지는 서아시아라는데, 우리나라에서도 고려 시대 전부터 길렀대요. 포도는 줄기에 잎과 마주 붙는 덩굴손이 있어요. 잎은 어긋나게 붙고 잎자루가 길지요. 잎은 넓적한 손바닥처럼 생겼는데 얕게 갈라지고 가장자리에 톱니가 있습니다. 6월쯤 새로 난 가지에서 작고 노란 꽃이 많이 모여 피어납니다. 열매는 처음에는 연두색이지만 익으면서 검게 바뀝니다. 익어도 색이 바뀌지 않는 청포도도 있어요. 요즘에는 머루알과 맛이나 모양이 비슷한 머루포도도 나오지요.

　포도나무는 기르기가 무척 쉬워요. 덩굴이 잘 뻗을 수 있도록 울타리나 버팀대를 세워 주면 잘 자라니까요. 그러나 이른 봄에 새순이 돋기 전에 꼭 가지치기를 해 주어야 합니다. 열매는 새로 난 가지에서만 열리기 때문이지요.

　포도는 날로 먹어도 맛이 참 좋아요. 포도는 말려서 건포도를 만들거나, 술을 빚기도 하지요. 서양 사람들은 포도주를 아주 좋아해서 음료수처럼 마신다고 해요. 포도주 종류도 아주 많아요. 와인이니 샴페인이니 브랜디니 하는 술들이 모두 포도로 빚은 술이랍니다. 또 즙을 내어 주스를 만들거나 설탕에 졸여서 잼을 만들어 두고 먹기도 하지요. 포도즙은 가래도 삭이고 혈압도 내려 준다고 해요.

분류 포도과
잘 자라는 곳 마당이나 과수원에서 심어 기른다.
꽃 피는 때 6월
따는 때 8~9월
쓰임 열매를 먹는다.
가꾸기 줄기를 잘라 꺾꽂이한다.

호두나무

1993년 8월 경북 청송

호두나무는 밭둑이나 뜰, 산비탈에 심어 기르는 큰키나무입니다. 원산지는 중국이라지만, 옛날부터 우리나라에서 길렀다고 해요. 호두나무는 20m까지 높이 자라납니다. 나무껍질은 매끈하고 잿빛이 나는데, 오래되면 세로로 얇게 터집니다. 잎은 어긋나게 붙고 타원꼴 쪽잎이 대여섯 가닥 됩니다. 잎의 앞쪽은 진한 초록색이고 반들반들한데, 뒤쪽은 연한 초록색에 털이 거의 없지요.

호두나무는 5월쯤 암꽃과 수꽃이 한 그루에 핍니다. 연두색 수꽃은 밑으로 축 늘어지고 암꽃은 새 가지 끝에 두어 개 핍니다. 암꽃이 진 다음에 동그란 초록색 열매가 열리지요. 열매 안에는 큰 씨가 들어 있습니다. 가을이 되면 씨앗이 갈색으로 단단히 여물어 우리가 까 먹는 호두가 됩니다.

호두 속살은 고소해서 어린이들이 좋아하지만 청설모나 다람쥐도 무척 좋아합니다. 호두를 깨 보면 속껍질 속에 하얀 속살이 나오지요. 이 속살에는 우리 몸에 좋은 기름이 많이 들어 있습니다. 그래서 날로 먹기도 하고 기름을 짜거나 약으로 쓰기도 하지요. 정월 대보름날에 땅콩이나 밤, 잣과 함께 호두를 깨 먹는 풍습이 있지요. 또 호두나무는 단단해서 공예품이나 비행기 재료로도 씁니다.

분류 가래나무과
잘 자라는 곳 우리나라 중부 이남에서 심어 기른다.
다른 이름 호도나무, 추자나무
꽃 피는 때 4~5월
따는 때 9월
쓰임 씨앗 속을 먹거나 기름을 짠다.
가꾸기 봄에 묘목을 심는다.

호박

1997년 9월 경북 예천

1993년 8월 경기도 안양

호박은 밭이나 울타리 옆, 산비탈에 심어 기르는 한해살이 열매채소입니다. 가지나 고추처럼 여름에 따 먹지요. 덩굴줄기는 모가 나고 까끌까끌한 털이 많이 나 있습니다. 잎은 어긋나게 붙고 긴 잎자루가 있으며 넓은 손바닥처럼 생겼습니다. 여름에 잎겨드랑이에서 종처럼 생긴 노란색 통꽃이 피어납니다. 오이나 참외처럼 암꽃과 수꽃이 한 그루에서 피어나지요. 우리가 먹는 호박은 암꽃의 씨방이 자란 것입니다. 호박 열매는 처음에는 초록색이다가 다 익으면 누렇거나 불그스름하게 바뀌지요. 다 익은 호박 속에는 납작한 타원꼴 씨앗이 들어 있습니다.

호박은 쓰임새가 무척 많습니다. 어린순이나 잎은 쪄 먹고, 열매는 어릴 때부터 완전히 익을 때까지 여름 내내 따 먹을 수 있습니다. 여물기 전에는 애호박이라고 부르는데 온갖 반찬거리가 되지요. 전도 부쳐 먹고 찌개에도 넣고 볶음도 하지요. 다 여물면 껍질을 벗기고 씨앗을 뺀 다음에 범벅이나 죽을 쒀 먹어요. 얇게 썰어서 말려 두었다가 이듬해까지 떡을 해 먹기도 합니다. 울릉도에서는 호박으로 엿을 고아 먹지요. 호박씨로는 기름도 짜고 땅콩처럼 날로까 먹기도 합니다. 또 누런 호박을 삶아서 보약이나 오줌내기 약으로 쓰기도 합니다.

분류 박과
잘 자라는 곳 밭이나 산기슭, 울타리 가에 심어 기른다.
다른 이름 남과, 금과
꽃 피는 때 6~9월
따는 때 8~10월
쓰임 열매를 먹거나 약으로 쓴다.
가꾸기 봄에 씨를 뿌리거나 모종을 심는다.

꽃밭에서 기르는 식물

재미있는 꽃밭 가꾸기

우리 겨레는 꽃밭 가꾸기를 좋아했어요.

　마당 가나 담장 밑이나 장독대 옆에 작은 꽃밭 하나쯤은 꼭 마련했어요. 이런 자투리땅에서는 곡식이나 채소를 가꾸기는 어려워도 꽃은 가꿀 수 있지요. 마당이 좁은 도시에서도 꽃밭은 누구든지 가꿀 수 있어요. 흙이 하나도 없는 아파트에서도 화분이나 빈 상자가 있으면 얼마든지 꽃을 기를 수 있으니까요.

개나리

　꽃밭을 가꾸려면 먼저 어떤 꽃을 심을지 계획을 세우는 게 좋아요. 봄에 피는 꽃을 심을지, 여름이나 가을에 피는 꽃을 심을지 정해야 하지요. 봉숭아나 채송화는 여름에 꽃이 피지만 코스모스나 국화는 가을이 되어야 꽃이 피니까요. 또 씨앗을 뿌려야 하는지, 알뿌리를 심어야 하는지, 아니면 꺾꽂이나 휘묻이를 해야 하는지 알아야 하지요. 분꽃이나 해바라기는 봄에 씨앗을 뿌려야 해요. 수선화나 히아신스는 가을에 알뿌리를 심어야 하지요. 개나리나 포도는 꺾꽂이나 휘묻이를 해야 한답니다.

맨드라미

어린이들은 씨앗을 뿌리거나 알뿌리를 심는 것같이 쉬운 방법부터 시작하는 것이 좋아요. 우리 토박이 들풀 가운데도 꽃밭에 심을 만한 꽃들이 참 많아요.

오히려 다른 나라에서 들여온 꽃들보다 보기가 좋고 쓸모가 많지요. 나팔꽃 대신에 메꽃을 심어 보세요. 메꽃의 땅속줄기는 먹을 수도 있으니까 가꾸는 재미가 더 좋을 거예요. 또 샐비어 대신에 꿀풀을 심어 보세요. 샐비어보다 꿀풀에서 나오는 꿀이 더 맛있답니다. 그리고 튤립이나 히아신스 대신에 붓꽃이나 나리를 심어 보세요. 가꾸기도 쉽고 보기에도 훨씬 좋답니다.

수세미

해바라기

개나리

1996년 4월 서울 창동

개나리는 산과 들의 모래 섞인 땅에서 잘 자라는 떨기나무입니다. 우리나라 토박이 나무인데, 심어 기르기도 하지요. 키가 3m쯤 되는데 줄기는 가늘고 밑으로 늘어지며 가지를 많이 칩니다. 어린 가지의 껍질은 연한 초록색이지만 묵은 가지는 잿빛이 도는 밤색입니다. 가지는 동그스름한데 각이 지고 땅에 닿으면 뿌리를 내립니다. 잎은 마주나고 끝이 뾰족한 타원꼴입니다.

　　3~4월쯤 잎이 나기에 앞서 마디마다 샛노란 꽃이 먼저 피는데 꽃 모양이 꼭 튀밥 같아요. 그래서 튀밥꽃이라고도 불러요. 서양에서는 꽃 모양을 보고 '황금종'이라고 부른대요. 개나리는 암수딴그루 식물입니다. 암꽃과 수꽃은 겉모양이 비슷하지만 꽃술의 길이가 조금 달라요. 암꽃은 암술대가 더 길고 수꽃은 수술이 더 길지요. 봄꽃 가운데는 잎보다 꽃이 먼저 피는 식물들이 여럿 있습니다. 진달래나 목련, 산수유도 잎보다 꽃이 먼저 피어나지요.

　　개나리는 산울타리로 심거나 꽃을 보려고 꽃밭에 심어 기릅니다. 씨앗을 뿌려서 기르기는 어렵고 꺾꽂이를 해서 기릅니다. 3월 하순쯤 묵은 가지를 잘라서 꽂으면 바로 뿌리가 내리지요. 물이 잘 빠지고 해가 잘 드는 곳이면 꽃이 더욱 빨리 핍니다.

분류 물푸레나무과
잘 자라는 곳 산에서 자라거나 집에서 기른다.
다른 이름 영춘화, 튀밥꽃, 어리자나무, 어라리나무
꽃 피는 때 4월
열매 맺는 때 가을
쓰임 꽃을 보려고 심어 기른다.
가꾸기 봄에 줄기를 잘라 심는다.

과꽃

1997년 8월 경북 상주

과꽃은 길가나 꽃밭의 양지바른 곳에서 가꾸는 한해살이풀입니다. 백두산에서 저절로 자라기도 하는데 본디 꽃 색깔은 진한 보라색입니다. 그런데 사람들이 품종을 개량하여 지금은 빨간색이나 분홍색이나 하얀색 꽃이 피기도 합니다. 여름철 맨드라미와 함께 꽃밭이나 마당에서 많이 볼 수 있는데 꽃송이가 크고 아름다워서 참 보기 좋습니다.

　과꽃은 줄기가 곧게 자라고 높이 1m까지 자라는 것도 있습니다. 잎은 어긋나게 붙고 끝이 뾰족한 달걀꼴입니다. 잎 가장자리에는 톱니가 있지요. 과꽃이 지고 나면 씨앗이 소복이 남는데 하얀 갓털 때문에 이리저리 날아가서 떨어집니다. 그래서 과꽃이 있던 자리에는 해마다 과꽃이 자라는 것을 볼 수 있지요.

　중국에서는 과꽃을 추금화라고 부른답니다. '추금'이라는 아름답고 꿋꿋한 여자가 살았는데, 변사또처럼 못된 원님과 싸우다가 감옥 안에서 죽었대요. 추금이가 죽은 자리에서 꽃 한 송이가 피어났는데 추금이의 절개를 기려서 추금화라고 이름을 붙였대요. 그게 바로 과꽃이랍니다.

분류 국화과
잘 자라는 곳 꽃밭이나 길가에 심어 기른다.
다른 이름 배추국화, 당국화, 추금화
꽃 피는 때 7~10월
씨 받는 때 9~10월
쓰임 꽃을 보려고 심어 기른다.
가꾸기 봄에 씨를 뿌린다.

국화

1997년 9월 서울 양재동

국화는 심어 기르는 여러해살이풀입니다. 줄기는 곧게 자라고 높이가 60~90cm쯤 됩니다. 어린줄기는 초록색을 띠지만 자라면서 점점 희뿌연 밤색을 띱니다. 잎은 어긋나게 붙고 깃꼴로 갈라져 있습니다. 가을에 줄기와 가지 끝에서 흰색이나 노란색 꽃이 핍니다. 자주색이나 붉은색, 분홍색 꽃이 피는 것도 있어요. 꽃잎은 민들레나 해바라기처럼 작은 꽃들이 모여서 한 송이 꽃을 이루지요.

국화는 본디 낮의 길이가 짧아져야 꽃이 피기 때문에 가을이 되어야 꽃을 볼 수 있었지요. 하지만 요즘은 재배 기술이 발달해서 아무 때고 국화꽃을 볼 수 있습니다. 국화꽃은 워낙 향기가 좋고 색깔이나 생김새도 아름다워서 누구나 좋아하는 꽃이지요. 우리 조상들도 국화를 매화, 난초, 대나무와 함께 사군자라고 부르면서 아꼈습니다. 서리가 내리는 가을에 피어난다고 해서 절개가 있는 꽃이라고 여겼지요. 지금도 오래된 집이나 절에 가 보면 국화 무늬가 들어 있는 기왓장이나 문살을 볼 수 있어요.

봄에 돋아나는 어린잎이나 여름에 돋는 연한 잎은 나물로도 먹지요. 꽃은 찹쌀가루와 함께 버무려서 꽃전을 부쳐 먹습니다. 또 술을 빚기도 하지요. 말린 꽃잎은 베개 속에 넣어서 베고 자거나 우려서 차로 마셨습니다.

분류 국화과
잘 자라는 곳 뜰이나 화분에 심어 기른다.
꽃 피는 때 가을
쓰임 꽃을 보려고 화분에 심어 기른다. 꽃잎은 먹을 수 있다.
가꾸기 봄에 모종을 심는다.

꽈리

1997년 9월 경기도 의정부

꽈리는 산이나 들에서 저절로 자라거나 집 둘레에 심어 기르는 여러해살이 풀입니다. 가을이 되면 울타리 가에서 빨갛게 익은 꽈리를 볼 수 있어요. 봉긋하게 부푼 꽈리주머니 속에는 구슬같이 동그랗고 빨간 열매가 들어 있지요. 꽈리 열매는 먹을 수도 있지만 꽈리를 부는 재미도 여간 좋은 게 아니에요. 씨앗을 빼낸 열매껍질을 입에 물고 공기를 불어넣은 다음 혀와 이를 살짝 물면 그때마다 꽉꽉 하는 소리가 나지요. 꽈리를 잘 불면 노래를 잘 부른다는 말이 있어서, 옛날에는 어린이들이 너도나도 꽈리 불기를 즐겼어요.

꽈리는 장독대나 울타리 옆에 많이 심어요. 약으로 쓰려고 밭에 심어 기르기도 하지요. 꽈리는 봄에 나는 새싹부터 줄기, 잎, 뿌리, 열매 모두를 약으로 씁니다. 꽈리는 허파나 콩팥을 튼튼하게 해 준대요. 한약방에서 산장이니 산장근이니 하는 약초가 바로 꽈리의 줄기와 뿌리랍니다.

꽈리는 줄기가 40~90cm쯤 자라요. 잎은 어긋나게 붙는데 보통 두 개씩 붙기 때문에 마주난 것처럼 보이기도 하지요. 잎은 고춧잎과 비슷한데 조금 더 크고 가장자리에는 톱니가 있지요. 6~7월에 잎겨드랑이에서 연노란 꽃이 한 송이씩 땅을 보고 핍니다. 꽃이 지고 나면 꽃받침이 넓게 자라서 통주머니꼴을 이루지요. 빨간 꽈리 주머니가 등불이 담긴 초롱 같다고 등롱초라고 부르기도 해요.

분류 가지과
잘 자라는 곳 산이나 들에서 자란다. 꽃밭에 심기도 한다.
다른 이름 등롱초
꽃 피는 때 6~7월
열매 익는 때 9~10월
쓰임 열매를 약으로 쓴다.

나팔꽃

둥근잎나팔꽃 1997년 8월 경북 상주

나팔꽃은 마을 주변에서 저절로 자라거나 심어 기르는 덩굴성 한해살이풀입니다. 덩굴줄기는 곁에 서 있는 버팀대 따위를 왼쪽으로 감아 올라갑니다. 줄기에는 거친 털이 촘촘히 나 있고 길이가 2m에 이르지요. 잎은 어긋나게 붙고 세 갈래로 얕게 갈라진 심장 모양입니다. 잎이 갈라지지 않은 것은 둥근잎나팔꽃이라고 하지요.

6~8월에 줄기 위쪽의 잎겨드랑이에서 나팔처럼 생긴 꽃이 핍니다. 꽃 색깔은 보라색이 많지만 붉은색, 하얀색, 분홍색, 파란색도 있습니다. 꽃은 이른 아침에 피었다가 오후에 시들어서 져 버리지요. 꽃잎 안에는 암술과 수술이 나란히 들어 있습니다. 그래서 곤충이 꽃가루를 실어 나르지 않아도 스스로 가루받이를 할 수 있습니다. 9월에 꽃이 지면 꽃받침 속에 둥근 열매가 맺힙니다. 열매가 여물면 쩍 벌어지는데 열매 속에는 작은 송편처럼 생긴 검은 씨앗이 들어 있어요.

나팔꽃은 원산지가 아열대 지방입니다. 천 년쯤 전에 약으로 쓰려고 들여왔다가 온 나라로 퍼졌다고 합니다. 나팔꽃씨는 부기를 가라앉히는 약으로 쓰지요. 지금은 꽃을 보려고 많이 심습니다. 둥근잎나팔꽃처럼 나라 밖에서 들어와서 자리를 잡고 살아가는 식물을 귀화식물이라고 해요.

분류 메꽃과
잘 자라는 곳 울타리 옆이나 꽃밭에 심어 기른다.
다른 이름 나발꽃, 견우화, 견우자
꽃 피는 때 7~9월
열매 맺는 때 8~10월
쓰임 꽃을 보려고 심는다. 씨앗은 약으로 쓴다.
가꾸기 봄에 씨를 뿌린다.

맨드라미

1997년 8월 경북 상주

맨드라미는 꽃밭이나 장독대, 길가에 심어 기르는 한해살이풀입니다. 붉은 줄기는 곧게 자라고 높이는 1m 안팎까지 자라납니다. 7~8월에 줄기 끝에 진한 붉은색 꽃이 피어나지요. 노란색이나 흰색 꽃이 피는 것도 있습니다. 꽃은 자잘한 꽃이 한데 모여 꽃이삭을 이루는데 그 모양이 꼭 닭의 벼슬과 비슷해요. 그래서 맨드라미를 닭벼슬꽃이나 계관화라고도 부릅니다. 계관화는 닭벼슬꽃의 한자말이지요. 작은 꽃 하나하나에는 깨알같이 작고 까만 씨앗이 들어 있습니다.

맨드라미는 햇빛이 잘 드는 곳이면 어디서나 잘 자랍니다. 한번 심어 놓으면 씨앗이 떨어져서 다음 해에 저절로 싹이 트지요. 또 크게 잔손질을 안 해도 잘 자랍니다. 맨드라미는 장독대나 담장 밑에 심어 두면 참 좋습니다. 키도 알맞고 해마다 꽃을 볼 수 있으니까요.

맨드라미는 쓸모가 많습니다. 맨드라미 꽃잎 속에 들어 있는 붉은 색소는 아주 좋은 천연 물감이 됩니다. 인공 물감과 달리 먹어도 해롭지 않지요. 우리 조상들은 떡이나 부침개를 할 때 맨드라미꽃에서 즙을 짜서 붉은 물을 들이곤 했답니다. 또 꽃을 말려서 달이거나 가루를 내어 설사약으로 쓰기도 한대요.

분류 비름과
잘 자라는 곳 꽃밭이나 길가에 심어 기른다.
다른 이름 닭벼슬꽃, 계관화, 맨드래미
꽃 피는 때 7~8월
씨 받는 때 9월
쓰임 꽃을 보거나 약으로 쓰려고 심는다.
가꾸기 봄에 씨를 뿌린다.

목련

백목련 1996년 4월 서울 창동

목련은 저절로 자라거나 심어 기르는 큰키나무입니다. 높이는 보통 10m쯤 되는데 20m에 이르는 것도 있대요. 봄에 피는 꽃이 아름다워서 꽃밭에 많이 심어 기르지요. 목련은 겨울눈으로 추위를 이겨 냅니다. 목련의 겨울눈에는 잎이 될 잎눈과 꽃이 될 꽃눈이 따로 있어요. 잎눈에는 털이 없고 꽃눈에는 소복이 털이 나 있지요. 4월에 꽃눈이 껍질을 벌리고 흰 꽃이 피어나기 시작합니다. 자주색 꽃이 피는 자목련은 꽃이 일 주일쯤 늦게 피어나지요. 하얀 목련꽃은 아름답고 향기가 무척 좋아요. 잎은 꽃이 질 때쯤 나옵니다. 잎에는 잎자루가 있고 넓적한 달걀꼴에 끝이 뾰족하지요. 가을이 되면 울퉁불퉁한 빨간 열매가 익습니다.

목련은 본디 제주도의 숲속에서 저절로 자라는 토박이 나무예요. 도시의 공원이나 집 마당에서 흔히 볼 수 있는 목련은 중국에서 온 백목련이에요. 목련과 백목련은 꽃 생김새가 조금 다르지만 약으로 쓸 때는 가리지 않고 '신이'라고 불러요. 목련 꽃봉오리는 콧병에 뛰어난 약효가 있어서 2천 년쯤 전부터 약으로 썼대요. 또 씨앗이나 뿌리, 나무껍질은 가려움증에 약으로 씁니다. 꽃은 향수 원료로 쓰고 나무로는 가구를 짜지요.

백목련 눈 1995년 12월 서울 창동

분류 목련과
잘 자라는 곳 산에서 자라거나 뜰에 심어 기른다.
다른 이름 목란, 영춘화, 목련나무
꽃 피는 때 4월
열매 익는 때 가을
쓰임 꽃을 보려고 심는다. 뿌리나 나무껍질은 약으로 쓴다

무궁화

1996년 8월 경기도 고양

무궁화는 심어 기르는 떨기나무입니다. 우리나라의 나라꽃이므로 온 나라 어디에서나 심어 기릅니다. 여름부터 가을까지 서너 달 동안 꽃이 피고 진다고 해서 무궁화라는 이름이 붙었지요. 전라도에서는 무우게나 무강나무라고 부르기도 합니다. 이렇게 끈질긴 생명력이 우리 겨레와 닮았다고 나라꽃으로 정했대요. 무궁화가 나라꽃이 된 것은 일제 시대부터예요. 애국가 노랫말에 "무궁화 삼천리 화려 강산"이라는 구절이 있는데 한 사람 두 사람 따라 부르다 보니 어느 틈에 온 겨레가 무궁화를 나라꽃으로 여기기 시작했답니다. 그러다가 광복이 된 뒤에 무궁화를 나라꽃으로 정하고 꽃봉오리를 국기 봉으로 정했지요.

무궁화는 나무 높이가 2~4m쯤 됩니다. 어린 가지에는 잔털이 많지만 자라면서 점점 없어지지요. 잎은 줄기 마디에서 어긋나게 붙고 짧은 잎자루가 있습니다. 잎은 달걀꼴이고 세 갈래로 얕게 갈라지지요. 8~10월에 잎겨드랑이에서 희거나 분홍색 꽃이 한 송이씩 핍니다. 꽃잎은 다섯 장이고 밑에는 보라색 무늬가 있지요. 꽃은 오전에 활짝 피었다가 오후에 집니다. 요즘에는 토박이 무궁화가 아주 드물어요. 일제 시대에 일본 사람들이 온 나라에 있는 무궁화를 베어 없애 버렸기 때문이래요.

분류 아욱과
잘 자라는 곳 뜰이나 길가에 심어 기른다.
다른 이름 무우게, 무강나무, 목근, 순화, 근화
꽃 피는 때 8~10월
쓰임 나라꽃으로 온 나라에 심어 기른다.
가꾸기 봄에 묘목을 심는다.

백일홍

1997년 8월 서울 천호동

백일홍은 심어 기르는 한해살이풀입니다. 꽃이 백 일 동안 핀다고 백일홍이라는 이름이 붙었지요. 이름처럼 7월부터 10월에 걸쳐 석 달 동안 꽃이 피어 있습니다. 원산지는 멕시코인데 1757년에 독일 식물학자가 개량해서 여러 나라에서 심어 기르게 되었대요. 우리나라에서 심어 기른 지는 한 2백 년쯤 된다고 해요.

백일홍은 줄기가 곧게 자라고 높이는 1m쯤 자라요. 잎은 잎자루가 없이 마주나지요. 잎은 끝이 뾰족하고 기다란 달걀꼴인데 밑부분이 줄기를 감싸고 있습니다. 잎이나 줄기에는 털이 있어서 거칠어요. 줄기와 가지 끝에서 한 송이씩 피어납니다. 가장자리 꽃잎은 혀같이 생겼고 가운데 모여 있는 꽃은 대롱처럼 생겼지요. 꽃은 붉은색이 많고 노란색이나 흰색 꽃도 있어요.

백일홍은 향기가 없고 꽃 모양이 뛰어나게 화려하지도 않아요. 그런데 웬만한 가뭄이나 더위에도 끄떡없이 꽃을 피우는 데다가 석 달이나 피어 있어서 여름철 꽃밭에 가꾸기 좋은 꽃이지요. 또 기르기가 쉬워서 햇빛만 잘 들면 쉽게 꽃을 피울 수 있습니다. 요즘은 꽃꽂이 꽃으로도 많이 기르지요.

분류 국화과
잘 자라는 곳 꽃밭이나 길가에 심어 기른다.
다른 이름 백일화, 백일초
꽃 피는 때 6~10월
열매 익는 때 9월
쓰임 꽃을 보려고 심는다.
가꾸기 봄에 씨를 뿌린다.

봉숭아(봉선화)

1997년 7월 경북 상주

봉숭아는 꽃을 보려고 심어 기르는 한해살이풀입니다. 인도나 말레이시아, 중국 같은 곳이 원산지인데 우리나라에서도 채송화와 함께 꽃밭이나 담장 밑에 심어 기릅니다. 가뭄에도 잘 견디고 햇빛이 드는 곳이면 어디에서든지 잘 자라서 기르기가 쉽지요. 꽃과 잎으로 손톱에 물을 들일 수 있어서 어린이들이 무척 좋아하는 풀이에요. 봉숭아의 꽃과 잎에는 색소가 들어 있는데 손톱이나 발톱과 같은 딱딱한 단백질에 유난히 잘 스며듭니다. 또 한번 물이 들면 여간해서 바래지 않지요. 백반이나 식초같이 산성 물질과 함께 빻으면 물이 더 잘 듭니다. 백반 대신 괭이밥 잎을 쓰기도 해요.

봉숭아는 줄기가 곧게 자라고 가지를 치기도 합니다. 높이는 60cm쯤 되지요. 잎은 어긋나게 붙고 버들잎꼴이고 가장자리에 톱니가 있어요. 7~8월에 잎겨드랑이에서 꽃대가 나와서 붉은색이나 보라색이나 흰색 꽃이 피지요. 열매는 갸름한 달걀꼴이고 털이 덮여 있습니다. 열매 속에는 동그란 갈색 씨앗이 들어 있습니다. 익은 열매에 손을 대면 깍지가 톡 터져서 씨앗이 튀어나옵니다. 그러므로 봉숭아 씨앗을 받으려면 씨앗이 덜 여물었을 때 봉지를 씌워 두어야 합니다.

분류 봉선화과
잘 자라는 곳 꽃밭이나 길가에 심어 기른다.
다른 이름 봉선화
꽃 피는 때 7~9월
열매 익는 때 8월부터
쓰임 잎과 꽃은 손톱에 물을 들이고 씨앗은 약으로 쓴다.
가꾸기 봄에 씨를 뿌린다.

분꽃

1997년 8월 경북 상주

분꽃은 심어 기르는 한해살이풀입니다. 멕시코가 원산지인데 그곳에서는 여러해살이풀이지만 추위에 약해서 우리나라에서는 한해살이풀로 바뀌었습니다.

분꽃은 줄기가 곧게 자라고 높이는 1m쯤 되지요. 가지를 많이 치기 때문에 한두 그루만 심어도 넓게 퍼집니다. 그래서 분꽃을 심을 때는 다른 꽃에게 그늘을 드리지 않도록 널찍하게 자리를 남겨 두고 씨앗을 뿌려야 합니다. 분꽃 잎은 마주나고 잎자루가 있어요. 8월에서 9월 사이에 줄기와 가지 끝에서 고깔처럼 생긴 꽃이 피어나지요. 분꽃은 한 그루 안에서 붉은색, 노란색, 흰색 꽃이 섞여서 함께 피어나기도 합니다. 꽃은 저녁 무렵부터 피기 시작하여 다음 날 아침까지 피어 있어요. 시계가 없던 옛날에는 분꽃이 피는 것을 보고 저녁 밥을 짓기도 했답니다. 열매는 꽃이 지자마자 곧 여물기 시작하는데 검은색이고 겉에는 주름이 많이 잡혀 있어요.

분꽃의 씨앗을 쪼개 보면 밀가루같이 하얀 가루가 들어 있는데 옛날에는 그 가루를 분 대신에 얼굴에 발랐대요. 분꽃이라는 이름은 분가루 때문에 붙었습니다. 또 꽃에서는 남색 물감을 뽑아내기도 했대요.

분류 분꽃과
잘 자라는 곳 꽃밭이나 길가에 심어 기른다.
다른 이름 분화
꽃 피는 때 6~10월
열매 익는 때 8월부터
쓰임 꽃을 보려고 심는다. 열매는 약으로 쓴다.
가꾸기 봄에 씨를 뿌린다.

사철나무

1996년 2월 충남 임천

사철나무는 숲속이나 바닷가 산허리에서 자라는 떨기나무입니다. 겨울에도 잎이 푸르기 때문에 집 둘레나 공원에 많이 심습니다. 사철나무는 보통 3m쯤까지 자라는데 6m가 넘는 나무도 있다고 합니다. 새로 난 줄기는 초록색이지만 나이가 들면서 어두운 잿빛으로 바뀌지요. 잎은 마주 달리는데 달걀꼴이고 가죽처럼 두껍고 반질반질 윤이 납니다. 6~7월쯤 가지와 잎겨드랑이 사이에서 꽃대가 나와서 자잘한 꽃들이 피어납니다. 꽃 색깔은 연두색을 띤 흰색이고 꽃잎은 네 장입니다. 열매는 둥그스름하고 가을에 붉게 익어요. 열매가 익으면 열매껍질이 네 개로 갈라져서 밝은 주황색 씨앗이 튀어나옵니다.

사철나무는 한번 심어 놓으면 특별히 가꾸지 않아도 잘 자랍니다. 그늘에서도 잘 자라고 공해나 소금기에도 강해서 기르기 쉬운 나무랍니다. 그래서 잔디밭에다 한두 그루쯤 심어 두거나 회양목처럼 촘촘히 심어서 산울타리를 만들기도 해요. 사철나무 산울타리는 초록색 잎과 붉은 열매가 서로 어울려서 겨울에 무척 보기가 좋아요. 사철나무 껍질은 오줌내기 약으로 씁니다. 또 껍질은 아주 질겨서 꼬면 튼튼한 새끼줄이 된답니다.

분류 노박덩굴과
잘 자라는 곳 바닷가 산허리에서 자란다. 잔디밭에 심어 기르기도 한다.
다른 이름 푸른나무
꽃 피는 때 6~7월
열매 익는 때 10월
쓰임 울타리 삼아 심는다. 나무껍질은 약으로도 쓴다.

선인장

1997년 8월 서울 양재동

선인장은 아메리카 대륙의 사막에서 자라는 여러해살이풀입니다. 세계에 살고 있는 선인장 종류는 2천 가지가 넘는다고 해요. 보통 살이 쪄서 뚱뚱한 줄기에 가시가 나 있지요. 가시는 선인장의 잎이 변한 것이래요. 선인장은 사막과 같이 비가 적고 메마른 곳에서 살기 때문에 한 번 물을 빨아들이면 오래오래 몸속에 지니고 있어요. 잎이 넓으면 물이 많이 증발해서 오래 살 수가 없지요. 그래서 선인장 잎은 가시로 바뀌고 줄기가 잎이 하는 일을 대신합니다. 선인장 줄기에는 엽록소가 있어서 햇빛을 받으면 양분을 만들어 내지요.

우리나라에서는 온실이나 화분에 심어 길러요. 제주도에서는 밭에다 기르기도 합니다. 선인장을 화분에 심어 기를 때는 모래가 많이 섞인 흙을 써서 물이 잘 빠지도록 해야 하지요. 또 물을 많이 주면 썩어 버리니까 가끔씩 줘야 해요. 겨울에는 아예 안 주는 것이 좋습니다.

아메리카 원주민들은 아주 오래전부터 선인장을 여러모로 이용했어요. 멕시코 사람들은 기원전 1만 년부터 선인장 열매와 씨앗을 먹고 살았대요. 또 선인장의 굳은 줄기로는 도구를 만들고, 가시는 바늘로 썼어요. 또 선인장 줄기는 열을 내리는 약으로 쓴다고 합니다.

분류 선인장과
잘 자라는 곳 모래가 섞인 메마른 흙에서 자란다.
종류 2천 가지가 넘는다.
꽃 피는 때 여름
쓰임 재미 삼아 화분에 심어 가꾼다. 줄기는 약으로 쓴다.

수국

수국은 꽃을 보려고 심어 기르는 떨기나무입니다. 원산지는 일본이라는데 우리나라에서도 꽃을 보려고 꽃밭에 심어 길러요. 우리나라 산에서 저절로 나는 산수국과 비슷한데 꽃송이가 더 크고 화려하지요. 전라도에서는 꽃송이가 복스럽고 푸짐하다고 함박꽃이라고도 불러요.

수국은 키가 1.5m쯤 되고 껍질은 회색이에요. 줄기는 개나리 가지처럼 가늘고, 줄기 가운데에는 구멍이 뚫려 있어요. 잎은 마주나고 잎자루가 있습니다. 잎은 달걀꼴이고 끝이 뾰족하며 가장자리에 톱니가 있어요. 잎은 도톰하고 진한 초록색이며 윤이 나지요. 여름에 가지 끝에서 꽃이 피어납니다. 희거나 연보랏빛 작은 꽃들이 빽빽이 모여서 피어나기 때문에 마치 큰 꽃이 한 송이 핀 것처럼 보이지요. 그런데 꽃이 피어도 암술이 퇴화하여 없어졌기 때문에 열매를 맺지 못합니다.

심어 기를 때는 꺾꽂이나 휘묻이를 해요. 줄기를 아래로 잡아당겨서 땅바닥에 대고 돌을 올려놓아도 줄기에서 뿌리가 나옵니다. 수국꽃은 말려서 차를 끓여 먹었어요. 수국차는 향기가 참 좋아요. 또 말린 수국꽃은 학질을 낫게 한대요. 어린이들은 꽃송이를 따서 제기차기도 하고 꽃다발도 만들면서 놀지요.

분류 범의귀과
잘 자라는 곳 뜰에 심어 기른다.
다른 이름 함박꽃, 자양화
꽃 피는 때 여름
쓰임 꽃을 보려고 심는다. 꽃은 차를 만들거나 약으로 쓴다.
가꾸기 꺾꽂이나 휘묻이를 한다.

수선화

수선화는 꽃을 보려고 심어 기르는 여러해살이풀입니다. 지중해 바닷가가 원산지인데, 우리나라에서도 심어 기르지요. 제주도나 남해 바닷가에서 저절로 자라기도 하지만 옛날에 중국에서 들여온 것이 퍼진 거래요. 따뜻한 곳을 좋아하지만 추위에도 꽤 잘 견딥니다.

수선화는 우리가 알뿌리라고 부르는 땅속의 비늘줄기로 겨울을 나는데 늦가을부터 잎이 나기 시작해서 아주 이른 봄부터 꽃을 피웁니다. 비늘줄기는 달걀처럼 생겼습니다. 비늘줄기 아랫부분에는 흰 수염뿌리가 여러 개 나 있지요. 잎은 비늘줄기에서 대여섯 장씩 모여납니다. 잎은 도톰한 띠처럼 생기고 끝이 둥글어요. 이른 봄에 잎 사이에서 긴 꽃대가 나와서 화려한 꽃이 네댓 송이 피어납니다. 제주도에서는 겨울에도 꽃이 피지요. 꽃은 여섯 장의 흰 꽃잎 속에 종지처럼 생긴 노란 꽃잎이 곁들여 있어서 색다르면서도 무척 아름답습니다. 향기도 아주 짙게 풍기지요. 그래서 향수를 만드는 데 쓰기도 한대요. 그런데 수선화 뿌리에는 독이 들어 있어서 먹으면 안 됩니다.

수선화는 세계 여러 나라에서 꽃을 보려고 심어 가꿔요. 꽃의 색깔과 모양이 조금씩 다른 종류만 해도 서른 가지가 넘는다고 합니다. 화분이나 꽃밭에도 심지만 아예 꽃꽂이용으로 밭에 심어서 팔기도 합니다. 심어 기를 때는 늦가을에 비늘줄기를 땅속 깊이 심습니다.

분류 수선화과
잘 자라는 곳 제주도나 남쪽 바닷가에서 자란다. 화분에 심기도 한다.
다른 이름 설중화, 수선
꽃 피는 때 12월부터 이듬해 3월까지
열매 익는 때 5월
쓰임 꽃을 보려고 심는다.
가꾸기 가을에 비늘줄기를 심는다.

수세미(수세미오이)

1997년 9월 경기도 고양

수세미는 심어 기르는 한해살이 덩굴풀입니다. 옛날에는 그물처럼 성글고 질긴 열매 속을 수세미로 쓰려고 길렀지요. 그래서 이름을 수세미라고 붙였어요. 그러나 요즘에는 여름에 그늘이 지게 하거나 보기 좋으라고 심습니다.

　덩굴줄기는 가늘고 긴데 아주 튼튼하고 세로로 모서리가 있습니다. 또 덩굴손이 있어서 곁에 있는 다른 나무나 기둥 따위를 감으면서 올라가지요. 잎은 어긋나게 붙는데 잎자루가 길어요. 잎은 거칠고 단풍나무잎처럼 다섯 갈래로 깊게 갈라져 있지요. 여름에 잎겨드랑이에서 꽃대가 나오고 그 끝에 노란 꽃이 피지요. 수세미도 호박이나 박처럼 암꽃과 수꽃이 한 그루에 달립니다. 수꽃은 여러 개가 모여서 이삭을 이루지만 암꽃은 한 송이씩 달리지요. 가루받이를 마친 암꽃은 씨방이 원기둥꼴로 길게 자라나서 열매가 됩니다. 수세미 열매는 다 자라면 길이가 30~60cm쯤 되도록 길어집니다. 수세미 열매 속에는 그물처럼 생긴 섬유질이 발달하는데 익으면 더욱 질겨지지요.

　수세미의 어린 열매는 먹습니다. 덜 여문 열매나 줄기에서 즙을 내어 열을 내리는 약으로도 쓰지요. 수세미 즙은 옛날부터 화장수로 썼대요. 요즘은 화장품 공장에서 수세미 즙으로 화장수를 만들어 내지요.

분류 박과
잘 자라는 곳 뜰에 심어 기른다.
다른 이름 수세미오이, 수세미외
꽃 피는 때 8~9월
열매 익는 때 10월
쓰임 어린 열매는 먹고 즙은 화장수로 쓴다. 약으로도 쓴다.
가꾸기 봄에 씨를 뿌린다.

잔디

1997년 6월 경북 상주

잔디는 낮은 산이나 들판, 냇가의 모래밭에서 모여 자라는 여러해살이풀입니다. 햇빛을 많이 받아야 살 수 있는 양지식물이어서 다른 풀이나 나무 밑에서는 죽고 맙니다. 그래서 물기가 적은 냇가의 둑이나 모래밭, 자갈밭에서 잘 자랍니다. 뜰이나 공원이나 무덤가에도 많이 심어 가꾸지요. 잔디 가운데는 잎이 짧은 금잔디, 바닷가 모래땅에 사는 갯잔디나 왕잔디 따위가 있어요.

잔디는 줄기가 길게 땅 위로 기면서 퍼집니다. 옆으로 뻗는 기는줄기의 마디마다 가는 수염뿌리가 나지요. 기는줄기는 가늘고 높이는 한 뼘쯤 되지요. 잎은 어긋나게 붙고 가느다란 끈 모양입니다. 봄에 잎 속에서 가는 줄기가 빠져 나오고 그 끝에 꽃이삭이 달려요. 여름이 되면 작고 매끄러운 검정색 씨앗들이 다닥다닥 여뭅니다.

잔디는 씨앗을 심어서 가꾸지만 옮겨 심을 때는 기는줄기를 흙째로 파다 심어요. 그것을 뗏장이라고 하는데 무덤이나 공원에 잔디밭을 만들 때 볼 수 있습니다. 말간 잔디 뿌리를 씹어 보면 물기가 많고 달짝지근한 맛이 납니다. 잔디 뿌리로 담은 술은 신경통이나 피부병에 좋다고 하지요.

분류 벼과
잘 자라는 곳 뜰이나 공원에 심어 기른다.
다른 이름 떼
꽃 피는 때 5~6월
열매 익는 때 7~8월
쓰임 무덤이나 뜰, 공원을 가꾸려고 심는다. 뿌리는 약으로 쓴다.
가꾸기 봄에 씨를 뿌리거나 뗏장을 심는다.

장미

1997년 7월 서울 천호동

장미는 심어 기르는 떨기나무입니다. 전 세계에 2백 종이 넘는 야생 장미가 있대요. 그런데 요즘 우리가 보는 장미는 대부분 여러 차례 개량한 것이에요. 서양에서는 고대 이집트 시대부터 심어 길렀대요. 우리나라에서도 신라 시대부터 심어 길렀다고 해요. 장미라는 이름이 담장에 기대어 자란다는 뜻으로 붙었다고 하니 우리나라에서는 덩굴장미를 많이 심었던 것 같아요. 그런데 백 년쯤 전부터는 서양 장미가 많이 들어와서 종류가 부쩍 늘어났습니다.

장미는 줄기 모양에 따라 크게 덩굴장미와 나무장미로 나눕니다. 덩굴장미는 보통 줄기가 5m 안팎으로 뻗고 전체에 가시가 있지요. 잎은 어긋나게 붙고 쪽잎이 대여섯 장으로 된 겹잎입니다. 5~7월에 붉은 꽃이 피고 9월이면 열매가 익어요. 종류에 따라 꽃의 색이나 모양이 다른 것이 많지요. 나무장미는 꽃 지름이 2mm인 작은 꽃부터 15cm에 이르는 큰 꽃까지 수많은 종류가 있지요.

장미는 꽃이 예쁘고 향기가 좋아서 뜰에 많이 심어 길러요. 서양에서는 장미만으로 꾸민 넓은 꽃밭도 있대요. 영국에서는 장미를 나라꽃으로 정해서 가꿉니다.

분류 장미과
잘 자라는 곳 꽃밭에 심어 기른다.
종류 줄기 모양에 따라 크게 덩굴장미와 나무장미로 나눈다.
꽃 피는 때 종류에 따라 1년에 한 번 피기도 하고 봄부터 가을까지 계속 피기도 한다.
열매 익는 때 가을
쓰임 꽃을 보려고 심어 기른다. 꽃은 향수의 원료로 쓴다.
가꾸기 봄이나 가을에 묘목을 심는다.

채송화

1997년 7월 서울 서초동

채송화는 심어 기르는 한해살이풀입니다. 줄기는 비스듬히 누워서 20cm쯤 되도록 자라지요. 줄기는 붉은빛을 띠는데 물기를 많이 머금고 있어서 통통해요. 잎은 어긋나게 붙고 길이 1cm 안팎의 원기둥꼴입니다. 잎겨드랑이에는 흰 털이 뭉쳐나지요.

꽃은 7월부터 피는데 정오쯤 피었다가 두 시간쯤 지나면 곧 져 버려요. 가장 햇빛이 셀 때만 피어 있는 셈이지요. 날씨가 흐리거나 비가 올 때는 꽃이 아예 안 핍니다. 꽃색은 붉은색, 흰색, 노란색, 자주색 등 여러 가지가 있어요. 꽃잎 안쪽에는 노란 수술이 소복이 들어 있습니다. 벌이나 나비가 날아와서 수술을 건드리면 수술들이 좍 벌어지거나 벌 쪽으로 굽힙니다. 꽃가루가 쉽게 묻으라고 그러는 것 같아요. 어린이들도 실험해 볼 수 있어요. 연필 끝으로 수술을 한쪽으로 쓸어 주면 반대쪽으로 움직이는 것을 볼 수 있지요. 9월쯤 되면 꽃이 진 자리에 뚜껑이 열리듯이 열매의 중간이 가로로 쩍 벌어지면서 씨앗들이 쏟아져 나옵니다.

채송화는 생명력이 무척 강해요. 메마른 땅에서도 잘 자라고 한두 포기만 심어도 줄기가 뻗어 나가서 꽃밭을 덮어 놓지요. 또 한 번만 씨를 뿌려 두면 해마다 싹이 트니까 기르기가 무척 쉽습니다.

분류 쇠비름과
잘 자라는 곳 꽃밭이나 길가에 심어 기른다.
다른 이름 따꽃, 대명화, 일조초
꽃 피는 때 7~10월
열매 익는 때 9월부터
쓰임 꽃을 보려고 심어 기른다.
가꾸기 봄에 씨를 뿌린다.

측백나무

서양측백 1997년 9월 강원도 치악산

측백나무는 저절로 자라기도 하고 심어 기르기도 하는 바늘잎나무입니다. 중국이 원산지라고 짐작하지만 우리나라에서도 저절로 자라는 곳이 있어서 우리나라 토박이 나무라고 하는 학자들도 있습니다. 경상도 대구와 영양, 충청도 단양에는 오래된 측백나무 숲이 있어서 천연기념물로 지정하여 보호하고 있지요.

측백나무는 다 자라면 10m가 넘게 자라납니다. 나무 전체 모습은 고깔처럼 생겼어요. 나무껍질은 짙은 밤색인데 자라면서 터져서 얇게 벗겨지지요. 가지와 잎은 모두 꼿꼿이 섭니다. 잎은 물고기 비늘처럼 겹겹이 포개져서 붙습니다. 잎은 앞뒤가 똑같이 초록색이고 납작한데 만지면 부드러워요. 4월에 암꽃과 수꽃이 한 나무에 핍니다. 꽃이 지고 나면 분을 바른 듯한 초록색 열매가 달리지요. 가을이 오면 열매가 갈색으로 익으면서 벌어지고 작은 씨앗들이 드러납니다.

측백나무는 무덤가나 정자, 공원에 많이 심었어요. 특히 여러 그루를 촘촘히 심어서 산울타리를 만들었지요. 가뭄이나 추위, 공해에 잘 견디기 때문에 기르기가 쉽습니다. 측백나무의 잎과 열매는 피를 멎게 하는 약으로 쓰고, 나무는 관을 짜거나 집을 지을 때 썼습니다.

분류 측백나무과
잘 자라는 곳 공원에 심어 기른다.
꽃 피는 때 4월
열매 익는 때 9~10월
쓰임 무덤가나 뜰 또는 공원을 가꾸려고 심는다. 잎과 열매는 약으로 쓴다.
가꾸기 봄에 묘목을 심는다.

코스모스

1997년 8월 강원도 삼척

코스모스는 물기가 적은 들판이나 길가에서 자라는 한해살이풀입니다. 멕시코가 원산지인데 콜럼버스가 유럽에 옮겨 심으면서 세계로 퍼졌대요. 우리나라에서는 백 년쯤 전부터 심어 길렀어요. 거름기가 없는 메마른 땅에서 잘 자라고 포기가 잘 퍼지기 때문에 길가에 많이 심지요. 또 한 번만 심어 두면 씨앗이 떨어져서 해마다 꽃을 볼 수가 있어요.

코스모스는 키가 늘씬하고 가지를 많이 칩니다. 몸 전체에서 독특한 냄새가 나지요. 잎은 마주나는데 깃꼴로 깊이 갈라져서 실처럼 가늘어요. 줄기나 잎에는 털이 없지요. 꽃은 보통 가을에 피는데 여름에도 갑자기 기온이 서늘해지면 가을인 줄 알고 피어나지요. 코스모스는 가지 끝에 한 송이씩 피어납니다. 꽃 색깔은 여러 가지이지만 분홍색이나 흰색이 많아요. 꽃이 지고 나면 가늘고 길쭉한 씨앗을 맺지요.

심어 기를 때는 대개 4월쯤 씨를 뿌립니다. 잎이 대여섯 장 나올 때쯤 옮겨 심으면 잘 자라지요. 코스모스는 꽃대에 따라서 꽃색이 달라지기 때문에 미리 어떤 꽃이 필지 짐작할 수 있대요. 꽃대가 갈색을 띤 것은 분홍색 꽃이 피고 녹색인 것은 흰 꽃이 피니까요.

분류 국화과
잘 자라는 곳 들판이나 길가에서 자란다.
다른 이름 살살이꽃
꽃 피는 때 8~10월
열매 익는 때 10월
쓰임 꽃을 보려고 심어 기른다.
가꾸기 봄에 씨를 뿌린다.

튤립

튤립은 꽃을 보려고 심어 기르는 여러해살이풀입니다. 달걀꼴 비늘줄기로 겨울을 나지요. 화분이나 꽃밭에 가꿀 때는 가을에 비늘줄기를 나누어서 심어요. 튤립은 줄기가 둥근 기둥 모양인데 곧게 자랍니다. 잎은 어긋나게 붙고 넓은 볏잎처럼 생겼어요. 끝은 뾰족하고 밑은 줄기를 감싸며 가장자리가 물결처럼 생겼습니다. 4~5월에 줄기 끝에 넓은 종같이 생긴 꽃이 한 송이씩 하늘을 향해 핍니다. 꽃은 아침에 피었다가 저녁에 오므라드는데 다음 날 아침에 다시 피지요. 흐린 날에는 반만 필 정도로 온도에 민감해요. 꽃 색깔은 흰색, 붉은색, 노란색, 자주색 따위로 여러 가지예요.

튤립은 원산지가 터키예요. 튤립이라는 이름은 꽃 모양이 터번이라는 터키 모자를 닮았다고 붙여졌대요. 지금은 장미와 함께 온 세계 꽃밭에 가장 많이 심는 식물 가운데 하나이지요. 오랫동안 꽃밭에 심어 가꾸면서 종류도 여러 가지로 늘어났어요. 그래서 꽃 색깔이나 모습이 다른 종류가 백 가지가 넘는대요. 그러나 향기가 있는 튤립은 없다고 해요.

튤립은 겨울에는 따뜻하고 비가 많고, 여름에는 서늘하고 메마른 날씨를 가장 좋아해요. 네덜란드는 튤립으로 이름난 나라이지요. 튤립의 비늘줄기는 단맛이 있어서 삶아 먹기도 한대요.

분류 백합과
잘 자라는 곳 화분이나 뜰에 심어 기른다.
꽃 피는 때 4~5월
열매 익는 때 6~7월
쓰임 꽃을 보려고 심어 기른다.
가꾸기 가을에 비늘줄기를 심는다.

해바라기

1997년 8월 경북 상주

해바라기는 심어 기르는 한해살이풀입니다. 꽃이 해를 따라 돈다고 해바라기라고 부른대요. 해바라기는 꽃이 피기 전까지는 줄기와 잎이 해를 따라서 도는 특성을 갖고 있지요. 또 쟁반처럼 둥글고 노란 꽃이 해님을 닮았다고 그렇게 부르기도 한대요. 키가 아주 크고 온몸에 거친 털이 나 있어요. 잎은 어긋나게 붙고 잎자루가 길지요. 잎은 심장 모양이고 가장자리에 톱니가 있습니다. 8~9월에 줄기 끝에 노란 꽃이 피지요.

해바라기 꽃은 서로 다른 두 가지 꽃이 모여서 한 송이를 이룹니다. 바깥쪽에는 혀처럼 생긴 샛노란 꽃이 한 줄로 빙 둘러 있어요. 안쪽에는 대롱처럼 생긴 노란 꽃들이 성냥개비처럼 빽빽하게 들어차 있습니다. 그런데 바깥쪽 꽃은 꽃잎만 있고 암술과 수술이 없어요. 그래서 씨앗은 안쪽에 있는 대롱 모양 꽃에서만 맺습니다. 잘 자란 해바라기는 씨앗이 천 개쯤 나와요.

해바라기 씨앗은 까먹거나 기름을 짜서 먹어요. 기름은 비누나 페인트나 마가린의 재료가 되지요. 전기가 들어오기 전에는 등잔불을 밝힐 때도 썼대요. 또 약으로도 씁니다. 미국 인디언들은 해바라기 줄기로 옷감을 짜고 꽃으로 노랑 물감을 만들어 썼대요.

분류 국화과
잘 자라는 곳 꽃밭에 심어 기른다.
꽃 피는 때 8~9월
열매 익는 때 9월
쓰임 씨앗을 먹거나 기름을 짠다.
가꾸기 봄에 씨를 뿌린다.

회양목

1997년 3월 강원도 원주

회양목은 저절로 자라거나 꽃밭에 심어 기르는 떨기나무입니다. 늘푸른나무지요. 경상북도나 충청북도의 석회암 지대에서 많이 자라는 토박이 나무예요. 보통 1m쯤 자라는데 7m 높이로 자란 나무도 있어요. 잎은 도톰하고 작고 동그스름합니다. 잎의 앞쪽은 진한 초록색이고 반질거리지만 뒤쪽은 황록색을 띠지요. 4월쯤 가지 끝 잎겨드랑이에서 연노란색 작은 꽃이 모여 핍니다. 7월쯤 콩알만 한 열매가 맺히는데 처음에는 초록색이다가 익으면 갈색으로 바뀌지요. 다 익은 열매는 저절로 벌어지는데 그 속에는 아주 작고 둥근 까만 씨앗이 들어 있지요.

  회양목은 무척 더디게 자라요. 많이 자라야 1년에 3cm쯤 자라니까요. 그런데 오래 살기 때문에 정원수로 많이 심어 기르지요. 그늘진 곳에서도 잘 자라고 가뭄이나 공해에도 강해서 기르기가 쉽습니다. 사철나무처럼 촘촘히 심어서 낮은 산울타리로 가꾸기도 하지요.

  회양목은 더디 자라는 만큼 나무가 무척 단단해요. 그래서 옛날부터 회양목으로 도장을 많이 파서 도장나무라는 별명까지 붙었을 정도랍니다. 또 회양목으로 만든 얼레빗은 부러지지 않고 부드러워서 빗 가운데 최고로 쳤대요. 장기 알이나 여러 가지 측량 기구에도 많이 쓰지요.

분류 회양목과
잘 자라는 곳 석회암 지대에 저절로 자라거나 뜰에 심어 기른다.
다른 이름 고양나무, 도장나무, 화양목
꽃 피는 때 4월
열매 익는 때 7월
쓰임 뜰이나 공원, 잔디밭을 가꾸려고 심는다. 빗이나 도장을 만든다.
가꾸기 여름이나 가을에 가지를 잘라 심는다.

히아신스

히아신스는 꽃을 보려고 심어 기르는 여러해살이풀입니다. 알뿌리라고 하는 비늘줄기로 겨울을 나지요. 알뿌리는 달걀꼴이고 껍질이 밤색입니다. 꽃대는 잎 가운데에서 곧게 자라고 높이가 20~50cm쯤 되지요. 잎은 뿌리에서 네댓 개 모여나는데 넓은 끈 모양처럼 생겼어요. 4월쯤 꽃대 끝에서 향기로운 보라색 꽃들이 다닥다닥 모여서 핍니다. 꽃 하나하나는 꽃잎이 깔때기처럼 생겼는데 끝이 여섯 갈래로 갈라져 있지요. 꽃 색깔은 본디 보라색이지만 여러 가지 품종으로 갈라져서 붉은색, 흰색, 노란색 꽃이 피는 것도 있습니다.

히아신스는 그리스나 시리아가 원산지인데 16세기쯤 네덜란드 장사꾼이 유럽으로 가져가서 퍼졌대요. 지금은 세계 여러 나라에서 심어 기릅니다. 네덜란드는 튤립과 히아신스의 알뿌리를 많이 수출하기로 이름난 나라예요.

우리가 심어 기를 때는 10월쯤 알뿌리를 심어야 합니다. 히아신스는 햇빛이 잘 들고 물이 잘 빠지는 모래 섞인 땅을 좋아하지요. 물 가꾸기를 할 때는 알뿌리를 물에 담근 뒤에 뿌리가 날 때까지 어두운 곳에 두어야 해요. 뿌리가 나면 차차 밝은 곳으로 옮겨 주지요. 히아신스는 향기가 좋아서 향수의 원료로도 쓰입니다.

분류 백합과
잘 자라는 곳 화분이나 꽃밭에 심어 기른다.
다른 이름 복수선화
꽃 피는 때 4월
쓰임 꽃을 보려고 심어 기른다.
가꾸기 가을에 비늘줄기를 심는다.

산과 들에서 자라는 식물

쓸모가 많은 풀과 나무

먹을 수 있는 식물

우리나라 산과 들에는 수많은 풀과 나무가 자라고 있어요. 우리 겨레는 들풀이나 나무 하나하나마다 다른 이름을 붙였어요. 어떤 것은 생김새에 따라서, 또 어떤 것은 쓰임이나 맛에 따라서 이름을 지었지요.

강아지풀은 강아지 꼬리를 닮았다고 붙은 이름이에요. 익모초는 어머니들이 먹으면 몸에 좋다고 붙은 이름이지요. 씀바귀라는 이름은 맛이 쓰다고 붙었어요. 오랜 세월 동안 풀 하나하나를 먹어 보고 만져 보지 않았다면 이런 이름을 붙일 수 없었을 거예요. 저마다 서로 다른 식물의 쓰임도 알 수 없었겠지요.

뽕나무

약으로 쓰는 식물

산과 들에서 자라는 식물들은 대부분 약으로 써요. 산과 들에는 값비싼 약재가 아니더라도 쑥이나 익모초같이 흔하고 몸에 좋은 풀들이 얼마든지 있어요. 한약방에서 갈근이라고 부르는 약재는 알고 보면 칡뿌리예요. 길경은 도라지이고, 정력자라는 약재는 꽃다지 씨앗을 말린 것이랍니다. 우리 조상들은 아주 오래전부터 이런 풀들을 눈여겨보고 맛보면서 약효를 알아냈어요.

익모초

씀바귀

집을 짓거나 그릇을 만드는 식물

집을 짓거나 연장을 만들 때는 가까이 있는 식물을 썼어요. 바닷가에 사는 사람은 갈대로 지붕을 잇고, 산에 사는 사람은 나무껍질이나 억새로 지붕을 이었지요. 대나무가 많은 곳에서는 대나무로 흙벽을 쌓고 싸리나무가 많은 곳에서는 싸리나무로 흙벽을 쌓았어요. 또 벼농사를 많이 짓는 곳에서는 볏짚으로 지붕을 잇고 멍석을 짰지요. 그런데 강화도같이 부들이 많이 나는 갯가에서는 부들자리를 많이 짰지요. 가까이에서 나는 풀이나 나무에 대해서 잘 모른다면 이렇게 할 수 없었을 거예요.

솜대

참오동나무

강아지풀

1995년 6월 서울 연남동

강아지풀은 들판, 길가, 밭 같은 곳에서 흔히 자라는 한해살이풀입니다. 여름에 나오는 이삭이 강아지 꼬리를 닮았다고 강아지풀이라고 부르지요. 강아지풀 이삭을 손바닥에 올려놓고 손을 움직이면서 "요요요요" 하고 불러 보세요. 꼭 강아지가 꼬리를 흔드는 것처럼 보입니다. 모양이 강아지풀과 비슷하지만 이삭이 노란빛을 띠는 금강아지풀도 있어요.

강아지풀은 밑에서 수염 같은 뿌리들이 많이 나옵니다. 강낭콩이나 배추처럼 굵은 원뿌리에서 곁뿌리들이 나오는 식물과 다르지요. 이런 뿌리를 수염뿌리라고 하는데 벼나 보리, 수수의 뿌리도 이렇게 생겼습니다. 또 긴 칼처럼 생긴 잎에는 잎맥이 세로로 나란히 나 있습니다. 이런 잎맥을 나란히맥이라고 부르지요. 수염뿌리와 나란히맥은 강아지풀 같은 외떡잎식물이 지닌 두드러진 특징입니다.

강아지풀은 소가 참 좋아하는 풀입니다. 또 이삭은 새들의 먹이가 되지요. 아주 오랜 옛날에는 사람들도 강아지풀 씨앗을 먹고 살았다고 합니다. 강아지풀이 우리가 먹는 조의 조상이라고도 합니다. 9월에 캐어 말린 뿌리는 기생충 약으로 씁니다. 요즘은 강아지풀을 잘 말려서 물감을 들인 다음 꽃과 함께 집 안을 꾸미기도 하지요.

분류 벼과
잘 자라는 곳 양지바른 풀밭에서 자란다.
다른 이름 강아지바랭이, 강아지꼬리풀
꽃 피는 때 여름
열매 맺는 때 여름부터 늦가을까지

겨우살이

1997년 1월 강원도 원주

겨우살이는 살아 있는 나무에 붙어 사는 늘푸른떨기나무입니다. 특히 참나무에 많이 사는데, 물오리나무나 벗나무, 팽나무에도 붙어살지요. 뿌리는 다른 나무에 단단히 박혀 있고, 줄기는 두 가닥씩 몇 번 갈라져서 전체가 동그랗게 한 덩어리를 이루고 있습니다. 가지 끝에는 두껍고 길쭉한 잎이 두 개씩 마주나 있고 두 잎 사이에는 동그란 열매가 달려 있습니다.

잘 익은 겨우살이 열매의 얇은 겉껍질 속에는 풀같이 끈끈한 속살이 가득 차 있습니다. 그 속에는 씨가 한 알씩 들어 있지요. 이 열매를 새가 먹고 똥을 싸면 씨앗이 똥에 섞여서 나옵니다. 그때 씨앗을 싸고 있는 끈끈한 속살이 덜 소화되어 밖으로 함께 나오는데 이것이 씨앗을 나뭇가지에 착 달라붙게 해 줍니다.

겨우살이는 살아 있는 나뭇가지에 뿌리를 내리고 물과 양분을 빼앗아 먹습니다. 자기 스스로도 광합성을 하여 양분을 만들어 내지만 그것만으로는 살아갈 수가 없습니다. 또 씨앗이 땅에 떨어지더라도 땅에서는 양분을 얻어서 살아가는 방법을 모르지요. 이렇게 남의 양분을 빼앗아서 살아가는 식물들을 기생식물이라고 합니다.

분류 겨우살이과
잘 자라는 곳 참나무 따위에 얹혀 산다.
다른 이름 더부살이, 동청
꽃 피는 때 3월
열매 맺는 때 11~12월
쓰임 잎과 줄기를 약으로 쓴다.

고사리

1997년 5월 경북 상주 작약산

고사리는 햇빛이 잘 드는 숲에서 자라는 여러해살이풀입니다. 옛날부터 즐겨 먹던 나물이지요. 땅속줄기는 얼기설기 뻗고 비늘에 싸여 있습니다. 줄기처럼 보이는 것은 잎자루예요. 고사리는 땅위줄기가 없지요. 잎자루는 1m까지 높이 자라는 것도 있어요. 잎은 쪽잎들이 깃털꼴로 나란히 모여 있지요. 고사리는 꽃이 피지 않고 잎 뒤쪽에 홀씨가 생깁니다.

우리가 먹는 고사리는 이른 봄에 땅속줄기에서 올라온 어린잎자루입니다. 4월쯤 되면 땅속줄기 끝에서 마치 움켜쥔 아기 손처럼 생긴 어린 고사리순이 돋아납니다. 이 순이 피면 잎이 되는데 잎이 펴지기 전에 통통한 연초록색 순을 꺾습니다. 이 순을 뜨거운 물에 삶아서 말리면 갈색 고사리나물이 되지요.

제사 때 나물을 하거나 국에 넣을 때는 다시 물에 불려서 삶습니다. 그리고 하룻밤쯤 독을 우려낸 다음에 나물로 볶거나 국에 넣어 끓이지요. 날 고사리에는 독이 들어 있어서 우려내지 않고 먹으면 눈이 멀 수도 있습니다. 그래서 고사리 나물을 먹으려면 여러 차례에 걸쳐서 손질을 해야 하지요. 이렇게 정성껏 손질한 고사리는 먹어도 아무 탈이 없습니다. 가을이 되면 고사리 뿌리를 캐내어 녹말을 낸 다음 풀을 쑤기도 했답니다.

분류 고사리과
잘 자라는 곳 햇빛이 잘 드는 숲에서 자란다.
다른 이름 꼬사리, 길상채, 권두채
꽃 피는 때 꽃이 피지 않는다.
꺾는 때 4~5월
쓰임 어린순을 나물로 먹는다.

괭이밥

1995년 11월 서울 성산동 성미산

괭이밥은 들판이나 길가에서 자라는 여러해살이풀입니다. 줄기는 10~30cm 쯤 자라는데 곧게 서지 못하고 기울어집니다. 줄기에는 잔털이 많지요. 잎은 어긋나게 붙고 세 장의 쪽잎으로 이루어진 겹잎입니다. 쪽잎 하나하나는 심장 모양이고 잎 뒷면과 가장자리에 털이 많지요. 언뜻 보면 토끼풀잎과 비슷하게 생겼어요. 꽃은 봄부터 가을까지 노랗게 피지요. 줄기는 가냘프지만 땅속에 있는 뿌리는 굵고 깊이 박혀서 좀처럼 뽑히지 않습니다. 살려는 힘이 무척 강해서 시멘트 틈이건 어디건 양지바른 곳이면 아무 데서나 잘 자라지요.

괭이밥 잎을 잘근잘근 씹어 보면 새콤한 맛이 우러납니다. 식초나 백반처럼 산성을 띠고 있기 때문이지요. 손톱에 봉숭아물을 들일 때 봉숭아와 함께 괭이밥 잎을 넣고 찧어서 손톱에 올려 보세요. 백반을 넣었을 때처럼 곱게 물이 듭니다.

괭이밥 잎은 재미있는 성질이 또 있습니다. 햇빛이 비치는 한낮에는 잎이 쫙 펴져 있지만, 밤이나 흐린 날에는 잎을 오므립니다. 이런 움직임을 수면 운동이라고 하지요. 땅콩이나 자귀나무도 괭이밥처럼 수면 운동을 하는 식물입니다.

분류 괭이밥과
잘 자라는 곳 들판이나 낮은 산에서 자란다.
다른 이름 괭이싱아, 괴승아, 시금, 고양이밥
꽃 피는 때 봄~가을
열매 맺는 때 6~9월
쓰임 줄기를 약으로 쓴다.

꽃다지

1995년 3월 경기도 과천

꽃다지는 들이나 길가나 밭둑에서 자라는 두해살이풀입니다. 달래나 냉이와 함께 봄에 뜯어 먹는 나물이지요. 꽃다지는 늦가을에 보리가 싹틀 때 함께 돋아나 겨울을 나지요. 망초나 달맞이꽃, 냉이처럼 뿌리잎을 방석 모양으로 땅에 찰싹 붙이고 겨울을 납니다. 뿌리잎은 뿌리에 겹겹이 붙어 있는 잎을 말하지요. 봄볕이 따뜻해지면 잎과 줄기가 자라 오릅니다. 잎과 줄기에는 보송보송한 털이 잔뜩 나 있지요. 줄기는 곧게 자라고 다 자라면 30cm가 넘는 것도 있어요. 줄기에서 나는 잎은 뿌리잎과 달리 어긋나게 붙습니다. 5~6월에 줄기 끝에서 노랗고 자잘한 꽃이 다닥다닥 피어납니다. 꽃 하나하나는 너무 잘아서 볼품이 없지만 무리를 지어 자라기 때문에 꽃다지꽃이 한창 피어나면 온 밭이 노랗게 되면서 참 복스럽습니다. 꽃 하나를 자세히 살펴보면 배추꽃처럼 꽃잎이 네 장씩 십자꼴로 붙어 있어요. 꽃이 진 자리에는 납작한 열매가 맺는데 속에는 밤색 씨앗이 들어 있습니다. 꽃다지 열매를 씹어 보면 매운맛이 나지요.

꽃다지의 어린잎이나 줄기는 살짝 데쳐서 먹습니다. 말린 씨앗은 기침약이나 오줌내기 약으로 쓰지요. 또 부스럼이 났을 때 꽃다지 씨를 달여서 마시거나 몸을 씻으면 좋다고 해요.

뿌리잎 1996년 12월 경북 상주

분류 십자화과
잘 자라는 곳 밭이나 들에서 저절로 자란다.
다른 이름 두루미냉이, 코따대기
꽃 피는 때 4~5월
열매 따는 때 5~6월
쓰임 뿌리잎은 나물로 먹고 씨앗은 약으로 쓴다.

꿀풀

1996년 6월 전북 부안

꿀풀은 숲 가장자리나 들판, 낮은 산이나 둑의 해가 잘 드는 곳에서 자라는 여러해살이풀입니다. 우리나라를 비롯하여 북반구의 온대 지방에서 두루 자란대요.

땅속줄기가 있고 잎과 줄기에 짧은 털이 많습니다. 줄기는 곧게 자라는데 보통 10~40cm쯤 자랍니다. 잎은 마주나는데 긴 타원꼴이고 작고 앙증맞습니다. 잎 가장자리는 밋밋하거나 톱니가 더러 있지요. 꽃은 5~7월에 아까시나무 꽃이 필 무렵에 피어납니다. 줄기 끝에 입술처럼 생긴 꽃이 다닥다닥 모여서 피는데 작지만 꽃봉오리가 무척 아름답습니다. 꽃 색깔은 보라색이 많고 흰색도 더러 있습니다. 꽃이 시들고 나면 누런 밤색 열매가 맺지요.

꿀풀 꽃에는 꿀이 많습니다. 그래서 눈에 띄게 벌과 나비가 많이 찾아들지요. 꿀풀의 꽃부리를 뽑아서 쪽쪽 빨면 진짜 단맛이 납니다. 꿀풀 말고도 꿀방망이나 꿀단지나 단풀이라는 이름이 있는데 모두 꽃에 꿀이 많다고 붙여진 이름이지요. 하지가 지나면 줄기가 시든다고 하고초라고 부르기도 해요. 꿀풀의 어린잎은 나물로 먹고, 줄기나 잎은 말려서 혈압을 내리는 약으로 쓰지요. 또 꽃이 예뻐서 꽃밭에 심어도 참 보기 좋습니다.

분류 꿀풀과
잘 자라는 곳 햇빛이 잘 드는 산에서 자란다.
다른 이름 가지복도리, 하고초, 꿀방망이, 단풀, 꿀단지
꽃 피는 때 5~8월
열매 맺는 때 6~9월
쓰임 줄기와 잎을 약으로 쓴다.

낙엽송(일본잎갈나무)

1996년 10월 강원도 원주

낙엽송은 물기가 많은 골짜기나 양지바른 산에 심어 기르는 바늘잎나무입니다. 흔히 바늘잎나무라고 하면 겨울에도 잎이 지지 않는다고 알려져 있습니다. 그러나 이 나무는 가을에 잎이 누렇게 물들어 떨어집니다. 그래서 낙엽송이라고 부르는데 본디 이름은 일본잎갈나무입니다. 잎갈나무라는 이름에도 잎이 진다는 뜻이 숨어 있지요. 우리나라에는 본디 잎갈나무라는 토박이 나무가 있어요. 잎갈나무는 추운 곳을 좋아해서 금강산 북쪽부터 자라고 있대요. 백두산에는 울창한 잎갈나무 숲이 펼쳐져 있답니다.

　잎갈나무와 낙엽송은 생김새가 비슷해요. 나무껍질은 잿빛이 나는 밤색이지만 자라면서 붉은 밤색으로 바뀌고 긴 비늘쪽이 떨어지지요. 줄기는 30m가 넘을 만큼 곧게 자라지요. 줄기는 하늘 높이 뻗고, 가지는 땅과 수평으로 뻗어요. 잎은 아주 보드랍고 바늘꼴인데 짧은 가지에 수십 개씩 모여나지요. 봄이 면 연노란색 수꽃과 작은 암꽃이 달려요. 열매는 9월에 익는데 작은 솔방울처럼 생겼지요. 그런데 잎갈나무는 솔방울에 붙은 비늘조각이 20~40개쯤인데, 낙엽송은 50개가 넘습니다.

분류 소나무과
잘 자라는 곳 산에서 자란다.
다른 이름 일본잎갈나무
꽃 피는 때 4-5월
열매 익는 때 9월
쓰임 산을 푸르게 하려고 심는다.

냉이

1997년 3월 경북 상주

냉이는 햇빛이 잘 드는 들이나 밭, 밭둑이나 길가에서 자라는 두해살이풀입니다. 가을에 싹이 터서 어린 뿌리잎을 땅바닥에 둥그렇게 펼친 채 겨울을 나지요. 봄이 되면 뿌리잎 가운데에서 줄기가 곧게 자라나는데 높이가 50cm에 이릅니다. 뿌리잎은 여러 장이 한데 모여나고 깃 모양으로 깊게 갈라집니다. 줄기잎은 어긋나게 붙고 긴 타원꼴로 생겼어요. 뿌리잎은 겨울 동안 검붉은색을 띠지만 봄이 되면 점점 초록색으로 바뀝니다. 4~5월에 줄기와 가지 끝에 희고 자잘한 꽃들이 다닥다닥 피지요. 꽃잎은 네 장이고 열매는 거꾸로 세운 세모꼴이지요.

냉이는 씀바귀와 달래, 꽃다지와 함께 이른 봄에 캐 먹는 들나물입니다. 이른 봄에 땅이 녹기 시작하면 호미로 뿌리째 캐요. 냉이는 된장국을 끓이거나 콩가루를 무쳐 냉잇국을 끓이거나 나물로 무쳐 먹습니다. 특히 쌀뜨물을 넣고 끓인 냉잇국은 참 구수하지요. 냉이는 독특한 향기가 있어서 이른 봄에 입맛을 돋우어 줍니다. 봄이 되면 몸이 나른해지고 잠이 많이 오는데 이럴 때 냉이를 많이 먹으면 한결 덜해져요. 냉이는 옛날부터 눈을 밝게 하고 위를 튼튼하게 해 주는 약으로도 썼습니다.

뿌리잎 1997년 2월

분류 십자화과
잘 자라는 곳 들이나 밭에서 저절로 자란다.
다른 이름 나이, 나시, 나생이, 나싱게, 나숭개
꽃 피는 때 5~6월
쓰임 뿌리잎을 나물로 먹거나 약으로 쓴다.

노간주나무

1997년 4월 충남 부여

노간주나무는 양지바른 산기슭이나 소나무 숲에서 자라는 늘푸른바늘잎나무입니다. 가는 가지 마디마다 바늘꼴 잎이 서너 개씩 돌려나지요. 잎은 끝이 뾰족하고 빳빳해서 만지면 따가워요. 겨울에 떨어지지 않는 뾰족한 잎의 특성을 이용해서 산울타리로 많이 심지요. 나무는 10m 높이로 자라는데 늙은 나무는 잔가지가 아래로 늘어집니다. 나무껍질은 잿빛을 띠는 붉은 밤색인데 자라면서 세로로 터지지요. 암나무와 수나무가 따로 있어요. 5월쯤 되면 암나무에는 암꽃이 피고 수나무에는 수꽃이 피어나지요. 수꽃은 갈색이고 갸름한데 암꽃은 초록색이고 동그랗습니다. 꽃이 피면 꽃가루가 바람에 날려서 가루받이를 하고 열매를 맺어요. 열매는 초록색이고 다음 해 10월쯤 익는데, 익으면서 까맣게 바뀌고 송진 냄새가 물씬 납니다. 만지면 끈적끈적하지요.

  노간주나무 열매는 말려서 오줌내기 약으로 쓰지요. 또 열매 기름을 짜서 등잔불을 밝히기도 했습니다. 가지는 단단하면서도 잘 구부러져서 옛날에는 소 코뚜레를 많이 만들어 썼습니다. 또 나무는 말려서 연필을 만들고 조각재로 널리 쓰지요. 도낏자루나 망치 자루로 다듬어 쓰기도 한대요.

분류 측백나무과
잘 자라는 곳 양지바른 산기슭이나 소나무 숲에서 자란다.
다른 이름 노가지나무
꽃 피는 때 4~5월
열매 익는 때 이듬해 10월
쓰임 나무로 코뚜레, 망치 자루, 도낏자루를 만든다. 열매는 약으로 쓴다.

느티나무

1997년 4월 강원도 원주

느티나무는 산기슭이나 골짜기, 마을 근처의 축축한 땅에서 자라는 큰키나무입니다. 높이가 30m까지 자라는 큰 나무이지요. 나무껍질은 잿빛이 도는 밤색이고 늙으면 비늘처럼 벗겨집니다. 잎은 어긋나게 붙고 끝이 뾰족한 달걀꼴이에요. 4~5월에 잎겨드랑이에서 잎과 함께 자잘하고 노르스름한 꽃이 모여서 피지요. 열매는 쭈그러진 공처럼 생겼는데 10월쯤 여뭅니다.

느티나무는 우리 겨레가 옛날부터 길러 온 나무 가운데 하나입니다. 어느 마을이나 동구 밖에는 으레 오래 묵은 느티나무가 몇 그루씩 있게 마련이지요. 더운 여름에는 마을 사람들이 느티나무 그늘 아래 모여서 더위를 식히기도 했습니다. 요즘은 가로수로 심기도 하는데 공기 오염에는 약하대요. 느티나무는 워낙 크고 오래도록 살기 때문에 천연기념물로 지정하여 보호하는 나무만도 열세 그루나 됩니다.

느티나무의 새순은 연해서 나물로 먹습니다. 느티나무를 켜면 무늬와 색깔이 아름답습니다. 게다가 단단하고 쉽게 뒤틀리지 않아서 여러 가지 가구를 만들거나 불상을 새기거나 조각을 하기도 하지요. 또 악기를 만들면 소리가 좋다고 해요.

잎이 진 느티나무 1996년 12월

분류 느릅나무과
잘 자라는 곳 마을 둘레나 물기가 많은 산골짜기에서 자란다.
꽃 피는 때 4~5월
열매 익는 때 10월
쓰임 가구나 악기를 만든다.

단풍나무

홍단풍 1996년 6월 경기도 고양
홍단풍나무는 다른 단풍나무와 달리 일 년 내내 잎 색깔이 빨갛지요.

단풍나무는 산에서 저절로 자라거나 심어 기르는 큰키나무입니다. 주로 남쪽 지방에서 저절로 자라는데 보통 10m쯤 자라납니다. 북한산이나 설악산 같은 중부 지방의 산에서 자라는 것은 거의 당단풍이고 진짜 단풍나무는 제주도나 남쪽 지방에서 자라지요. 당단풍은 잎이 아홉 갈래가 넘게 갈라지는데 단풍나무는 잎이 대여섯 갈래쯤으로 갈라져 있어요.

단풍나무는 5월쯤에 자잘한 꽃이 피었다가 지고 나면 긴 날개가 달린 열매가 열립니다. 가을이 되어 열매가 익으면 바람에 날려 바람개비처럼 뱅글뱅글 돌면서 날아가지요.

단풍나무잎이 붉게 물드는 까닭은 잎에 들어 있는 색소가 바뀌기 때문입니다. 단풍나무잎 속에는 초록색을 내는 엽록소가 들어 있어요. 가을에 날씨가 서늘해지고 해가 짧아지면 엽록소가 안토시안이라는 빨간색 색소로 바뀝니다. 그래서 단풍잎이 빨갛게 보이는 것이지요. 10월이 되면 우리나라 산은 온통 울긋불긋한 단풍으로 물이 듭니다. 특히 내장산 단풍은 곱고 아름답기로 이름이 났지요. 단풍나무는 마루를 깔거나 가구를 짜지요. 스키나 테니스 채도 만든대요.

분류 단풍나무과
잘 자라는 곳 산이나 공원에 심어 기른다.
다른 이름 단풍, 풍수
꽃 피는 때 5월
단풍 드는 때 9~10월
쓰임 가구를 만든다.

달개비(닭의장풀)

1996년 9월 서울 성산동 성미산

달개비는 밭이나 길가, 그늘진 풀밭이나 빈터에서 잘 자라는 한해살이풀입니다. 진한 하늘색 꽃이 닭 볏을 닮았다고 달개비라고 부르는데 닭의장풀이라고도 합니다. 줄기는 밑부분이 누우면서 가지를 많이 칩니다. 그러면 땅에 닿은 곳에서 뿌리가 내리지요. 줄기는 굵은 마디가 있고 끊어지면 끊어진 마디에서 다시 가는 뿌리가 뻗어 나옵니다. 잎은 어긋나게 붙고 잎맥은 나란히맥입니다. 도톰한 잎과 줄기에 물기가 많지요. 그래서 김을 매면서 뽑아 놓아도 꽤 오랫동안 시들지 않습니다.

꽃은 여름에 피어납니다. 달개비꽃은 진한 하늘색 꽃잎과 샛노란 꽃가루 주머니가 어울려서 무척 곱지요. 그러나 아침에는 싱싱하다가도 햇빛이 쨍쨍 내리는 낮에는 시들어 버립니다. 그래서 어떤 나라에서는 달개비를 이슬풀이라고 부르기도 한답니다.

봄에 난 연한 달개비 줄기는 나물로도 먹습니다. 줄기가 부드러워서 소나 토끼도 아주 좋아하지요. 줄기는 말려서 약으로도 써요. 달개비를 베어 햇볕에서 말린 뒤에 달여서 먹으면 부기가 가라앉고 오줌이 잘 나온대요. 꽃으로는 비단 옷감에 물을 들이기도 했습니다.

분류 닭의장풀과
잘 자라는 곳 들이나 길가에서 저절로 자란다.
다른 이름 닭의장풀, 닭의씨까비, 닭의꼬꼬
꽃 피는 때 7~8월
열매 맺는 때 8~9월
쓰임 어린잎은 나물로 먹고 꽃에서는 물감을 뽑는다.

대나무

솜대 1996년 7월 충남 부여

죽순 1997년 5월

대나무는 들판이나 따뜻하고 축축한 물가에서 저절로 자라는 여러해살이 식물입니다. 남부 지방에서는 집 뒤란에 심어 기르기도 해요. 뿌리줄기는 굵고 길게 땅속으로 뻗고 늦은 봄에 죽순이 올라오지요. 줄기는 곧게 자라고 키가 큰 것은 20m에 이릅니다. 줄기 속은 비어 있고 마디가 지지요. 잎은 잔가지 끝에 대여섯 장씩 붙는데 끝이 뾰족하고 날카롭습니다. 꽃은 여름에 피는데 수십 년 만에 한 번씩 피기 때문에 보기가 어렵지요. 대나무는 두 해 동안 꽃이 핀 다음에 모두 말라 죽고 맙니다. 죽순은 무척 빨리 자랍니다. 처음 올라오고 나서 두 달이 채 못 돼서 다 자라니까요. 하루에 8cm가 넘도록 자라기도 한대요.

대나무는 종류가 많습니다. 왕대라고도 부르는 참대나 솜대처럼 키가 큰 것도 있고 조릿대나 섬대같이 키가 작은 것도 있지요. 줄기가 검은 오죽도 있습니다. 대숲은 따뜻한 남부 지방에 많지만, 당진이나 서산, 강릉같이 바다를 낀 중부 지방에도 많이 있습니다. 특히 영산강 상류에 있는 담양은 대나무가 많이 나는 곳으로 이름이 나 있지요.

대나무는 쓰임새가 무척 많습니다. 집을 지을 때 기둥 사이에 넣어 흙벽을 바르기도 하고 대자리나 대발, 대소쿠리 따위를 만들기도 하지요. 피리나 장구채 같은 악기도 만들고 부채살이나 우산살로도 쓰지요.

분류 벼과
잘 자라는 곳 따뜻한 남부 지방이나 중부 지방의 바닷가에서 자란다.
다른 이름 대
꽃 피는 때 60여 년 만에 한 번 꽃이 피는데 꽃이 피고 나면 죽는다.
죽순 나는 때 5~6월
쓰임 죽순은 먹고, 나무로는 죽세공품을 만든다.

더덕

1997년 4월 경북 상주

더덕은 깊은 산 나무 그늘 아래서 자라는 여러해살이 덩굴풀입니다. 뿌리가 도라지처럼 굵고 살이 쪄 있습니다. 덩굴줄기는 2m 높이로 자라는데 온몸에서 짙은 향기가 나지요. 뿌리나 줄기, 잎 어디를 잘라도 젖 같은 흰 즙이 나옵니다. 잎은 줄기에 어긋나게 붙는데 짧은 가지 끝에 난 잎은 네 장씩 바싹 붙어 마주나기 때문에 돌려나는 것처럼 보입니다. 잎은 갸름하게 생겼고 가장자리가 밋밋합니다. 가을에 가지 끝에서 종처럼 생긴 꽃이 피는데 끝이 다섯 갈래로 갈라지고 조금씩 뒤로 젖혀져 있어요. 열매는 가을에 익습니다.

더덕은 도라지와 함께 우리 겨레가 즐겨 먹던 나물입니다. 날로 초고추장에 찍어 먹거나 양념을 발라서 구워 먹으면 아주 맛이 좋지요. 말린 더덕 뿌리는 가래를 삭이고 기침을 멎게 하는 약으로 씁니다.

더덕은 본디 깊은 산에서만 자라는 귀한 나물이지만 요즘은 밭에서 기르기 때문에 쉽게 먹을 수 있어요. 밭에서 기르는 더덕은 두 해 만에 캐는 것이 많아서 뿌리가 곧습니다. 산에서 나는 더덕 가운데는 뿌리가 여러 해 묵어서 아주 굵고 울퉁불퉁하게 생긴 것도 있어요. 향기도 산에서 나는 더덕이 훨씬 짙게 납니다.

분류 초롱꽃과
잘 자라는 곳 깊은 산 나무 그늘 아래서 저절로 자란다.
피는 때 8~9월
더덕 캐는 때 봄이나 가을
쓰임 뿌리를 먹거나 약으로 쓴다.

도깨비바늘

1997년 9월 경북 상주

도깨비바늘은 밭이나 길가, 빈터에서 사는 한해살이풀입니다. 가을에 풀이 많은 들판에서 놀다 보면 어느 틈에 가시처럼 생긴 열매가 옷에 들러붙어 있는 것을 볼 수 있습니다. 바로 도깨비바늘 열매입니다. 한두 개도 아니고 수십 개가 도깨비처럼 어느 틈엔가 옷에 붙어 있지요.

도깨비바늘은 줄기가 1m 높이로 곧게 자랍니다. 잎은 마주나는데 두세 번 깃꼴로 깊게 갈라지고 가장자리에 톱니가 있지요. 8~9월에 가지와 줄기 끝에 지름 1.5cm쯤 되는 노란 꽃이 핍니다. 꽃이 진 다음 맺히는 열매는 바늘꼴인데 끝에 네 개의 갓털이 달립니다. 열매가 여물어 딱딱해지면 갓털은 날카로운 가시로 바뀌어 아무 데나 잘 들러붙지요. 또 끝에 달린 가시 때문에 한번 붙으면 잘 떨어지지 않습니다.

도깨비바늘은 지나가는 사람의 옷이나 동물의 털에 달라붙어서 씨앗을 멀리 퍼뜨립니다. 도깨비바늘뿐 아니라 도꼬마리나 도둑놈의갈고리, 진득찰 따위도 이런 방법으로 씨앗을 퍼뜨립니다. 붙는 방법이 조금 다를 뿐이지요. 도꼬마리나 도둑놈의갈고리는 갈고리를 쓰고, 진득찰은 끈끈이를 내어 붙으니까요. 도깨비바늘의 어린잎이나 줄기는 뜯어서 나물로 먹고 설사약으로도 씁니다.

다 여문 씨앗

분류 국화과
잘 자라는 곳 밭이나 들판에서 저절로 자란다.
다른 이름 도깨비가시, 까치발, 털가막살이
꽃 피는 때 8~9월
열매 맺는 때 9~10월
쓰임 어린잎과 줄기를 나물로 먹는다.

도꼬마리

1997년 9월 경북 상주

도꼬마리는 햇빛이 잘 드는 들판이나 빈터에서 나는 한해살이풀입니다. 줄기는 곧게 자라고 거센 털이 빽빽하게 나 있습니다. 높이는 1.5m까지 자라지요. 잎은 어긋나게 붙고 넓적한 세모꼴인데 서너 갈래로 얕게 갈라집니다. 잎 가장자리에는 톱니가 있지요. 8~9월에 줄기 끝이나 가지 사이에 연노랑 꽃이 피는데 암꽃과 수꽃이 달라요. 암꽃이 지고 나면 타원꼴 열매가 열지요. 열매 속에는 씨가 두 개씩 들어 있어요.

도꼬마리 열매에는 갈고리 같은 가시가 많이 나 있어서 사람의 옷이나 짐승의 털에 잘 달라붙습니다. 갈고리 가시 때문에 한번 붙으면 잘 떨어지지 않지요. 도꼬마리도 도깨비바늘처럼 짐승의 털에 붙어서 씨앗을 멀리 퍼뜨려요. 식물들이 씨앗을 퍼뜨리는 방법은 저마다 달라요. 민들레나 단풍나무는 씨앗이 바람을 타고 날아가요. 봉숭아는 열매 꼬투리를 터뜨려서 씨앗을 뿌립니다. 찔레나 머루처럼 다른 동물에게 먹혀서 똥으로 다시 나오는 것도 있어요.

도꼬마리의 어린잎은 나물로 먹고 씨앗은 쪄서 먹습니다. 열매는 약으로 쓰지요. 또 독벌레에게 물렸을 때 줄기와 잎을 비벼서 바르면 독이 빨리 빠진다고 합니다.

다 여문 씨앗

분류 국화과
잘 자라는 곳 양지바른 들판이나 길가에서 저절로 자란다.
다른 이름 창이자
꽃 피는 때 8~9월
열매 맺는 때 9월
쓰임 열매를 약으로 쓴다.

동백나무

1997년 2월 경남 해금강 자생군락지

동백나무는 남부 지방의 산기슭이나 마을 둘레에서 저절로 자라는 늘푸른 작은키나무입니다. 제주도나 울릉도, 여수 오동도같이 따뜻한 바닷가에서 무리 지어 자라지요. 도시에서도 화분에 심은 동백나무를 가끔 볼 수 있어요.

　동백나무는 키가 7m쯤 되는데 18m에 이르는 것도 있대요. 잎의 앞쪽은 짙은 초록색이고 반질반질 빛나지만 뒤쪽은 연한 색이고 윤기가 없어요. 잎은 겨울에도 떨어지지 않고 싱싱하게 피어 있지요. 꽃은 아주 이른 봄부터 붉게 피어납니다. 흰 꽃이나 분홍색 꽃도 더러 있지만 붉은 꽃이 가장 많아요. 눈발이 휘날리는 바닷가에 붉게 핀 동백꽃을 보면 무척 아름다워요.

　동백꽃은 새의 도움으로 가루받이를 해요. 너무 일찍 꽃이 피기 때문에 벌이나 나비의 도움을 받을 수가 없기 때문이에요. 이런 꽃을 조매화라고 하지요. 몸집이 작은 동박새가 동백나무 꿀을 먹으면서 가루받이를 도와줍니다. 꽃이 지고 나면 초록색 구슬 같은 작은 열매가 달려요. 열매가 갈색으로 익으면 그 속에 마늘처럼 생긴 까만 씨앗이 여물지요. 이 씨앗으로 기름을 짭니다. 동백기름은 먹기도 하지만 머릿기름으로 더 많이 썼어요. 또 나무는 말려서 얼레빗이나 떡살, 다식판 따위를 만들었대요. 꽃은 말려서 피를 멎게 하는 약으로 썼습니다.

다 여문 열매와 씨앗

분류 차나무과
잘 자라는 곳 남부 지방의 산기슭에서 저절로 자란다. 심어 기르기도 한다.
꽃 피는 때 12~3월
열매 익는 때 10월
쓰임 꽃을 보려고 심는다. 씨앗은 기름을 짠다.

맥문동

1996년 8월 전북 부안 내소산

맥문동은 낮은 산이나 숲속의 그늘진 곳에서 자라는 여러해살이풀입니다. 여름에 피는 연한 자주색 꽃이 고와서 꽃밭에도 심어 기릅니다. 겨울에 시들지 않고 싱싱한 잎을 보여 준다고 겨우살이풀이라고도 해요. 마당 가 나무 그늘이 진 곳에 심으면 해마다 예쁜 꽃이 피어나지요. 또 눈 속에서 살아 있는 파릇파릇한 잎은 꽃 못지않게 아름답습니다. 그러니 서울같이 춥고 그늘이 많은 도시에서 기르기에 딱 좋지요. 서울 남산에 가면 많이 볼 수 있어요.

　맥문동은 굵고 딱딱한 뿌리줄기가 있어요. 뿌리줄기에는 가는 수염뿌리가 나 있는데 끝이 땅콩처럼 굵어져서 덩이를 이루지요. 잎은 끈처럼 길고 짙은 녹색을 띠어요. 잎은 여러 가닥이 뿌리줄기에서 모여납니다. 여름에 잎 사이에서 보라색 꽃대가 곧게 올라와서 그 끝에 연한 보라색 작은 꽃이 촘촘히 달리지요.

　알고 보면 우리 꽃 가운데는 맥문동처럼 꽃밭에 심을 만한 꽃들이 아주 많아요. 작약이나 도라지처럼 꽃도 예쁘고 약으로도 쓰는 꽃들이 있고, 궁궁이처럼 온몸에서 좋은 냄새가 나는 풀도 있어요. 붓꽃이나 꿀풀은 튤립이나 샐비어보다 훨씬 아름다운 꽃을 피우지요.

분류 백합과
잘 자라는 곳 낮은 산 숲속 그늘에서 저절로 자란다.
다른 이름 겨우살이풀
꽃 피는 때 5~7월
열매 익는 때 10월
쓰임 덩이뿌리를 약으로 쓴다. 꽃을 보려고 심기도 한다.

머루

왕머루 1996년 9월 경북 영양

머루는 산골짜기 숲속에서 자라는 덩굴나무입니다. 우리가 먹는 포도와 가까운 식물이지요. 본디 깊은 산속에서 자라지만 요즘은 심어 기르는 곳도 있습니다. 덩굴이 뻗기 때문에 가까이 있는 나무를 휘감기도 하고 혼자서 둘둘 말려 가면서 자라나지요. 가지는 붉은빛이 돌고 어릴 때는 솜털로 덮여 있어요. 잎은 어긋나게 붙고 잎자루가 깁니다. 잎은 큼직한 하트 모양에 네댓 갈래로 얕게 갈라지고 가장자리가 톱니처럼 생겼습니다. 잎 뒤쪽에는 갈색 털이 있어요. 5~6월쯤 연둣빛이 나는 노란색 꽃이 피고 9~10월에 열매가 익습니다. 열매는 포도와 생김새가 거의 같은데 알이 좀 작고 색깔이 더 진합니다. 맛은 새콤달콤하지요.

왕머루는 머루와 달리 잎 뒤쪽에 털이 없어요. 하지만 열매의 생김새나 맛은 아주 비슷해요. 그래서 따로 나누지 않고 머루라는 이름으로 두루 부르지요. 그런데 머루 가운데는 개머루나 까마귀머루처럼 먹을 수 없는 것도 있어요. 머루는 술을 빚거나 졸여서 정과를 만들어 먹기도 하지요. 머루를 많이 먹으면 입맛이 돌고 밤눈도 밝아진대요. 또 굵은 줄기는 지팡이로 쓰지요.

분류 포도과
잘 자라는 곳 산에서 저절로 자란다.
다른 이름 산머루, 머레, 모루
꽃 피는 때 5~6월
열매 익는 때 8~10월
쓰임 열매를 먹거나 약으로 쓴다.

메꽃

1996년 7월 경북 상주

메꽃은 밭둑이나 길가, 둑에서 자라는 여러해살이 덩굴풀입니다. 길게 뻗는 땅속줄기는 굵고 흰색인데 단맛이 있어서 캐 먹기도 합니다. 줄기는 덩굴지고 가지를 치면서 자라지요. 잎은 어긋나게 붙고 긴 잎자루가 있는데 잎 모양은 화살촉을 닮았어요. 6~8월에 잎겨드랑이에서 긴 꽃대가 나와서 그 끝에 연분홍색 꽃이 피어납니다. 더러는 흰 꽃이 피는 것도 있어요. 꽃은 낮에 피었다가 저녁에 져 버리지요. 꽃 생김새는 나팔꽃과 아주 비슷합니다. 꽃이 지고 나면 9월에 둥그스름한 열매를 맺지만 대개 열매를 안 맺는 것이 많습니다.

메꽃은 오랫동안 우리나라에서 살아온 토박이 식물입니다. 우리 할머니 할아버지들 가운데는 흉년이 들었을 때 메꽃의 땅속줄기를 캐 먹으면서 배고픔을 달랜 분들이 무척 많답니다. 또 군것질 삼아 먹기도 했대요. 그만큼 메꽃은 우리 겨레와 가까이 살았지요. 그런데 나팔꽃은 알아도 메꽃은 모르는 어린이가 많아요. 도시에서도 철길이나 빈터나 야산에 가면 쉽게 찾아 볼 수 있는데도 말이에요.

분류 메꽃과
잘 자라는 곳 들판이나 둑에서 저절로 자란다.
꽃 피는 때 6~8월
열매 익는 때 9~10월
쓰임 땅속줄기를 먹고, 꽃이나 줄기를 약으로 쓴다.

명아주

1997년 6월 경북 상주

명아주는 집 둘레나 논밭, 길가나 개울가 어디에서나 자라는 한해살이풀입니다. 햇빛이 잘 드는 기름진 땅에서 잘 자라지요. 우리나라뿐 아니라 세계 여러 나라에 널리 퍼져 있습니다. 줄기는 둥근 기둥처럼 생겼는데 2m까지 높게 자랍니다. 잎은 어긋나게 붙고 동그스름한 세모꼴인데 가장자리에 물결처럼 생긴 톱니가 있습니다. 어린잎에는 붉은색이 도는 가루가 붙어 있지요. 7~8월에 줄기나 가지 끝에 자잘한 황록색 꽃이 빽빽이 핍니다. 그러나 꽃잎이 없어서 눈에 잘 띄지 않습니다. 꽃이 지고 나면 열매가 맺는데 9~10월에 열매가 터지면서 씨앗이 튀어나옵니다.

명아주에는 여러 종류가 있습니다. 흰명아주는 새순에 흰 가루가 붙은 명아주를 말합니다. 잎이 좁고 길며 잎 뒤쪽이 모두 흰색을 띠는 것은 취명아주라고 하지요. 그런데 흰명아주든 취명아주든 쓰임새는 비슷합니다. 봄에 나는 어린잎이나 순을 데쳐서 나물로 먹습니다. 크게 자란 명아주 줄기로는 지팡이를 만들기도 합니다. 명아주 지팡이는 가벼워서 나이가 많은 어른들이 무척 좋아했다고 해요. 명아주 지팡이는 다른 말로 '청려장'이라고 부른답니다.

분류 명아주과
잘 자라는 곳 햇빛이 잘 드는 길가나 들판에서 저절로 자란다.
다른 이름 능쟁이
꽃 피는 때 7~8월
열매 익는 때 가을
쓰임 어린잎을 먹는다. 줄기로 지팡이를 만든다.

미나리아재비

1996년 5월 전북 부안

미나리아재비는 물기가 넉넉한 양지에서 자라는 여러해살이풀입니다. 생김새가 미나리와 비슷한데 꽃 모양과 색깔이 다르지요. 미나리는 꽃이 희지만 미나리아재비는 꽃이 노랗게 피니까요. 미나리아재비는 보통 한두 그루씩 떨어져서 살지 않고 무리 지어 자라지요. 그래서 6월에 노란 꽃이 피면 꽃무리가 무척 아름다워요. 그런데 미나리아재비에는 독이 들어 있으니까 조심해서 만져야 합니다. 미나리아재비의 즙이 살갗에 닿으면 물집이 생기기도 하니까요. 이 독을 이용하여 벌레잡이 약으로 쓰지요. 그러나 이른 봄에 나는 어린잎은 먹기도 해요. 나물로 먹을 때는 데친 다음 물에 충분히 우려내어 독을 빼고 먹어야 하지요.

미나리아재비는 줄기가 곧게 자라고 50cm 높이로 자라지요. 줄기에는 부드러운 털이 많이 덮여 있어요. 뿌리잎은 여러 개가 모여나고 긴 잎자루가 있지요. 줄기잎은 어긋나게 붙는데 잎자루가 짧아요. 봄에 줄기 끝에서 작고 노란 꽃들이 피어나지요. 꽃잎은 다섯 장이고 아래쪽에 작은 비늘 조각이 있어요. 꽃이 지고 나면 자잘한 열매가 동그랗게 한데 모여서 맺습니다.

분류 미나리아재비과
잘 자라는 곳 산과 들의 축축한 양지에서 자란다.
꽃 피는 때 6월
열매 익는 때 7~8월
쓰임 어린잎을 나물로 먹기도 한다. 약으로도 쓴다.

미루나무(미류나무)

1997년 8월 강원도 원주

미루나무는 모래가 섞이고 물기가 있는 땅에서 잘 자라는 큰키나무입니다. 미국에서 들어왔다고 미루나무라는 이름이 붙었는데 포플러 나무라고도 부릅니다. 지금으로부터 80년쯤 전부터 우리나라에 살기 시작했다고 해요. 지금도 시골길에 가면 미루나무가 길가에 줄지어 있는 것을 많이 볼 수 있지요.

　　미루나무는 줄기가 곧게 자라고 키가 30m에 이르는 큰 나무입니다. 나무껍질은 회색이 도는 연두색을 띠다가 자라면서 점점 어두운 색이 되고 세로로 터지지요. 잎은 어긋나게 붙고 넓은 타원꼴이에요. 잎은 앞쪽은 초록색인데 뒤쪽은 희지요. 꽃은 이른 봄에 잎보다 먼저 피는데 암나무와 수나무가 따로 있어요. 5월쯤 여무는 열매 속에는 흰 털이 붙은 씨앗이 들어 있습니다. 씨앗은 솜털 같은 털을 펼치고 바람에 날려서 멀리 퍼집니다. 이것을 꽃가루라고 잘못 아는 사람들도 많아요.

　　미루나무는 크고 굵은 가지보다 잔가지들이 많습니다. 그래서 사람이나 동물이 올라가기가 어렵지요. 그래서인지 미루나무에는 유난히 까치가 둥지를 많이 들어요. 다른 동물로부터 알을 지키기 쉽기 때문이겠지요. 미루나무는 쓰임새가 많습니다. 성냥개비나 도시락, 나무젓가락이나 이쑤시개 따위를 만드는 데 쓰지요. 요즘은 종이를 만들기도 한대요.

분류 버드나무과
잘 자라는 곳 길가나 강가에서 자란다.
다른 이름 포플러 나무, 미류나무
꽃 피는 때 이른 봄
쓰임 나무젓가락이나 나무 도시락을 만든다

민들레

1997년 5월 경기도 천마산

민들레는 들판이나 길가, 빈터에서 저절로 자라는 여러해살이풀입니다. 겨울에도 잎이 시들지 않고 방석 모양으로 땅바닥에 붙어서 겨울을 납니다. 봄이 되면 뿌리에서 새잎이 사방으로 돋아나지요. 뿌리는 굵고 곧으며 잔뿌리가 많아요. 잎은 뿌리잎만 있는데, 잎 한 장은 깃꼴로 갈라지고 끝이 세모꼴이거나 창 모양이지요. 4월쯤 되면 잎 가운데서 긴 꽃대가 나오고 그 끝에 노란 꽃이 핍니다. 흰 꽃이 피는 하얀 민들레도 있어요. 잎이나 꽃대를 자르면 하얀 즙이 나옵니다.

민들레꽃 한 송이에는 작은 꽃들이 많이 모여 있습니다. 그러니까 꽃잎 한 장처럼 보이는 것이 알고 보면 꽃 한 송이예요. 자세히 보면 꽃잎 하나하나마다 암술과 수술을 모두 갖추고 있지요. 꽃이 지고 며칠이 지나면 씨가 여물어서 하얀 솜사탕처럼 동그랗게 벌어집니다. 꽃 하나하나가 씨를 맺은 것이지요. 씨는 우산 같은 흰 털을 달고 있어서 바람이 불면 하나씩 흩어져서 날아갑니다.

그런데 날이 갈수록 토박이 민들레를 보기가 어려워집니다. 요즘 흔히 보이는 민들레는 거의 백 년 전쯤에 우리나라로 건너온 서양민들레예요. 서양민들레는 우리 민들레와 달리 꽃받침잎이 뒤로 젖혀져 있지요. 또 우리 민들레는 봄에만 꽃이 피지만 서양민들레는 여름 내내 꽃이 핍니다. 민들레 잎은 나물로 먹고 뿌리는 가래 기침을 멎게 하는 약으로 씁니다.

분류 국화과
잘 자라는 곳 들판이나 길가의 햇볕이 잘 드는 곳에서 저절로 자란다.
다른 이름 안질방이, 들레, 문들레
꽃 피는 때 4~6월
열매 익는 때 5월부터
쓰임 잎은 나물로 먹고, 뿌리는 약으로 쓴다.

바랭이

1997년 9월 경북 상주

바랭이는 양지바른 들이나 묵은밭, 길가에서 자라는 한해살이풀입니다. 도시에서는 잔디밭이나 길가에서 가끔씩 볼 수 있어요. 바랭이는 땅 위를 기면서 퍼지는데 마디마다 새 뿌리가 나기 때문에 무척 빠르게 자라는 풀이지요. 처음에는 가느다란 줄기가 뻗지만 날씨가 더워지고 비가 오면 어느 틈에 한 뼘씩 자라납니다. 그래서 쇠비름 못지않게 농사짓는 분들을 고생시키는 잡초예요. 그러나 흉년이 들어 먹을 것이 없을 때는 먹기도 했답니다. 우리 할머니, 할아버지들 가운데는 바랭이로 죽을 쑤어 먹고 자란 분들도 계시지요. 바랭이는 줄기가 연하고 독이 없어서 먹어도 탈이 없으니까요. 또 소가 아주 좋아하는 풀이에요. 풀이 연해서 돼지나 토끼도 곧잘 먹습니다.

바랭이는 높이가 50~100cm쯤 자라요. 줄기는 가늘고 긴데 마디에 잔털이 듬성듬성 나 있지요. 잎은 끈처럼 생겼는데, 길이가 10~20cm쯤 됩니다. 7~8월에 줄기 끝에서 연초록색이나 자주색 이삭이 나와서 우산살처럼 퍼져요. 바랭이는 풀우산이나 풀조리를 만들면서 놀 수 있습니다. 그래서 바랭이를 조리풀이라고 부르는 곳도 있어요.

분류 벼과
잘 자라는 곳 들판이나 밭에서 저절로 자란다.
다른 이름 보래기, 바래기, 조리풀
꽃 피는 때 7~8월
열매 익는 때 9~10월
쓰임 퇴비나 가축의 먹이로 쓴다

밤나무

꽃이 핀 밤나무 1996년 6월 서울 도봉산

밤나무는 열매를 먹으려고 심어 기르는 큰키나무입니다. 잘 자라면 키가 20m에 이르지요. 나무껍질은 두껍고 거무스름한 밤색인데 처음에는 매끈하지만 자라면서 틈이 생겨 벌어집니다. 잎은 어긋나게 붙거나 두 줄로 붙는데 길쭉하게 생겼지요. 잎 가장자리는 침처럼 뾰족뾰족해요. 잎의 앞쪽은 초록색이고 윤기가 나지만 뒤쪽은 연한 털이 있어요. 꽃은 5~6월에 피는데 암꽃과 수꽃이 따로 붙습니다. 우리가 흔히 밤꽃이라고 부르는 축 늘어진 꽃은 수꽃이에요. 암꽃은 수꽃 바로 밑에 세 개씩 달리는데 눈에 잘 안 띕니다. 열매는 동그스름하고 단단하며 날카로운 가시로 이루어진 밤송이에 싸여 있어요. 밤송이는 익으면 네 갈래로 갈라지지요. 밤송이 속에는 한 개나 두세 개의 알밤이 들어 있습니다.

밤은 아주 오래전부터 우리 겨레가 즐겨 먹던 과일이에요. 대추와 함께 혼례식이나 제사에도 빠지지 않고 썼지요. 밤은 날로도 먹고 굽거나 삶아서도 먹어요. 또 약식이나 떡에도 넣고, 다식이나 경단도 만들지요. 또 한약재로 두루 쓰입니다. 밤나무꽃에서 따는 꿀은 쌉쌀한 맛이 나지요. 밤나무는 단단하고 잘 썩지 않아서 목재로 씁니다. 세계 여러 나라 철도에 까는 침목은 거의 밤나무로 만들었어요.

분류 참나무과
잘 자라는 곳 산에서 저절로 나거나 심어 기른다.
꽃 피는 때 5~6월
열매 따는 때 9~10월
쓰임 열매를 먹거나 약으로 쓴다. 나무로는 집을 짓는다.

1993년 10월 경기도 안양

뱀딸기

1995년 7월 서울 연남동

뱀딸기는 풀숲이나 길가, 밭둑에서 자라는 여러해살이풀입니다. 햇빛이 잘 들고 축축한 곳에서 잘 자라지요. 이른 여름 밭둑에서 빨갛게 익은 뱀딸기를 보면 무척 먹음직스러워요. 단물이 가득 든 것처럼 보이지요. 그러나 따 먹어 보면 딸기만큼 맛이 없고 자잘한 씨앗이 입에 많이 남지요. 뱀딸기를 많이 먹으면 배앓이를 하니까 조심해야 합니다. 뱀딸기라는 이름이 왜 붙었는지는 뚜렷하지 않아요. 뱀이 먹는 딸기여서 그렇게 부른다고도 하고 뱀딸기가 익을 무렵에 뱀이 많이 보여서 그렇게 부른다고도 합니다.

뱀딸기는 줄기가 옆으로 길게 뻗지요. 열매가 익을 무렵이 되면 마디에서 뿌리가 길게 내리지요. 줄기에는 긴 털이 빽빽하게 나 있어요. 잎은 어긋나게 붙는데 쪽잎 세 장으로 이루어진 겹잎입니다. 쪽잎은 달걀꼴이고 가장자리에는 톱니가 있어요. 언뜻 보면 딸기잎과 비슷하지요. 4~5월에 잎겨드랑이에서 긴 꽃대가 나오고 그 끝에 노란 꽃이 한 송이씩 피어요. 꽃잎은 다섯 장이지요. 꽃이 지면 작고 동그란 열매가 열리는데 익으면 붉은색을 띱니다. 열매는 크게 자라도 대개 지름이 1cm에 못 미치지요.

분류 장미과
잘 자라는 곳 밭둑이나 산기슭에서 저절로 자란다.
꽃 피는 때 4~5월
열매 따는 때 5~6월
쓰임 열매를 약으로 쓴다.

버드나무

능수버들 1997년 3월 강원도 원주

버드나무는 산이나 강가나 들에서 자라는 큰키나무입니다. 눅눅한 땅을 좋아하여 연못가나 시냇가에서 저절로 자랍니다. 짙은 그늘을 만들고 바람에 넘어가지 않아서 가로수로 심지요. 높이는 10~20m쯤 되고, 나무껍질은 검은 회색인데 세로로 터집니다. 잎은 긴 타원꼴에 두 끝이 뾰족하고 가장자리에 톱니가 있어요. 4월쯤 잎과 함께 꽃이 핍니다. 암꽃과 수꽃이 딴 그루에서 피지요. 동그스름한 연두색 열매 속에는 솜털이 달린 씨앗이 들어 있어서 바람을 타고 퍼집니다. 5월이 되면 하얀 솜털 같은 것이 눈처럼 날아다니는데 그게 버드나무 씨앗이에요. 흔히 꽃가루라고 잘못 알고 있는데, 이 씨앗이 눈병이나 피부병을 옮긴다고 요즘은 버드나무를 안 심지요. 이웃 나라에서는 열매가 안 맺는 수나무만 골라서 심기도 한대요.

우리나라에는 버드나무 무리가 무척 많이 자라고 있어요. 귀여운 버들강아지가 달리는 갯버들, 정자나무라고 부르는 왕버들, 가지가 휘휘 늘어진 수양버들과 능수버들, 키를 만드는 키버들……. 버드나무 잎과 가지는 약으로 쓰고 나무는 도마를 만들지요. 키버들의 가는 줄기로는 버들고리를 엮습니다. 아스피린의 원료도 버드나무에서 얻는다고 해요. 어린이들은 봄이 오면 버드나무껍질을 벗겨서 피리를 만들어 불지요. 이 피리를 호드기라고 불러요.

잎이 진 버드나무 1997년 2월 충북 괴산

분류 버드나무과
잘 자라는 곳 시냇가처럼 눅눅한 곳에서 자란다.
다른 이름 버들, 수양목
꽃 피는 때 4월
열매 여무는 때 5월
쓰임 가로수로 심는다. 약으로도 쓴다.

벚나무

1997년 4월 강원도 원주

벚나무는 산과 들에서 자라는 큰키나무입니다. 높이는 15~25m쯤 되지요. 벚나무 껍질은 진한 붉은 밤색인데 기름을 칠한 것처럼 반질거리고 가로 무늬가 나 있어서 줄기만 봐도 쉽게 알 수 있어요. 잎은 어긋나게 붙고 끝이 길고 뾰족한 타원꼴이지요. 잎 가장자리에는 톱니가 있고 앞쪽에는 털이 드문드문 있고 뒤쪽은 연한 풀색을 띱니다. 삼사월에 잎보다 먼저 흰색이나 연분홍색 꽃이 피지요. 벚꽃은 필 때도 곱고 화려하지만 질 때도 참 아름다워요. 꽃잎 다섯 장이 따로따로 흩어져서 눈처럼 날리지요. 열매는 버찌라고 하는데 어릴 때는 초록색이다가 익으면 붉어졌다가 검보라색으로 바뀌지요. 버찌는 검게 익어야 달고 맛이 좋습니다. 열매 속에는 딱딱한 씨가 들어 있어요.

우리나라에는 여러 종류의 벚나무가 살고 있어요. 그저 벚나무라고 두루뭉술하게 부르지만 진짜 벚나무는 드뭅니다. 제주도에서 저절로 자라는 왕벚나무는 일본 사람들이 나라꽃으로 정해서 아끼는 나무예요. 지금 공원이나 길가에 많이 심는 벚나무도 대부분 왕벚나무 종류이지요. 또 울릉도에 사는 섬벚나무, 꽃이 유난히 빨리 피는 올벚나무, 꽃과 잎이 함께 피는 개벚나무도 있습니다.

분류 장미과
잘 자라는 곳 산에서 저절로 자라거나, 공원이나 길가에 심어 기른다.
다른 이름 뻔나무, 버찌나무
꽃 피는 때 3~4월
열매 따는 때 6월
쓰임 열매를 먹거나 약으로 쓴다.

붓꽃

1997년 6월 경북 상주

붓꽃은 산기슭이나 골짜기에서 자라는 여러해살이풀입니다. 햇빛이 잘 드는 무덤가에 많이 피어나지요. 꽃봉오리가 붓처럼 생겼다고 해서 붓꽃이라고 부릅니다. 꽃은 초여름에 피는데 색도 곱고 예뻐서 꽃밭에 심어 기르기도 합니다.

붓꽃은 뿌리줄기가 짧고 둥근 기둥처럼 생겼습니다. 줄기는 잎 사이에서 나와서 곧게 자라지요. 높이는 50cm쯤 됩니다. 잎은 줄기 밑부분에서 겹쳐서 모여나고 아래로 꺾이거나 늘어지지 않고 꼿꼿이 섭니다. 잎은 가늘고 긴 칼처럼 생겼어요. 끝도 뾰족하지요. 잎맥은 나란히맥이고 가운데 잎맥이 뚜렷이 안 드러납니다. 5~6월에 줄기 끝에서 보라색 꽃이 두세 개 피어납니다. 꽃봉오리는 붓처럼 올라오는데 다 피면 꽃잎이 여섯 갈래로 펼쳐지지요. 열매는 끝이 뾰족한 원기둥꼴이고 익으면 밤색 씨앗이 터져 나옵니다.

붓꽃은 꽃창포와 비슷하게 생겼습니다. 붓꽃은 바깥쪽의 꽃잎같이 보이는 꽃받침 안쪽으로 노란색 바탕에 연보라색 그물 무늬가 있습니다. 꽃창포는 붓꽃과 달리 노란색 바탕만 있을 뿐 그물 무늬가 없지요. 각시붓꽃도 붓꽃과 닮았는데 붓꽃보다 일찍 꽃을 피우지요.

분류 붓꽃과
잘 자라는 곳 낮은 산이나 들판에서 자란다.
꽃 피는 때 5~6월
열매 익는 때 8월
쓰임 꽃을 보려고 심어 기르기도 한다.

비름

개비름 1997년 7월 경북 상주

비름은 들판이나 밭둑, 길가에서 자라는 한해살이풀입니다. 봄에 연한 순을 뜯어서 나물로 먹지요. 살짝 데쳐서 고추장에 무쳐 먹거나 된장국에 넣어 먹습니다. 하지만 여름에는 밭을 뒤덮는 잡초가 되어 농사를 짓는 분들이 싫어하는 풀이지요. 비름은 여름이 되면 눈에 띄게 빨리 자라고 금방 번져 갑니다. 그래서 비름나물을 많이 먹으면 비름처럼 악착같이 잘 산다고 했대요. 가을에는 키가 1m가 넘도록 자라지요.

비름은 줄기가 곧게 자라고 털이 없습니다. 잎은 어긋나게 붙고 잎자루가 있으며 동그스름한 마름모꼴에 가장자리가 물결처럼 생겼지요. 7월에 줄기 끝과 잎겨드랑이에 자잘한 초록색 꽃이삭이 나와요. 열매가 익으면 뚜껑이 열리듯이 갈라집니다. 열매 속에는 윤기 나는 검은 밤색 씨앗이 들어 있습니다.

온 세계에 사는 비름 무리의 식물은 60종이 넘는대요. 우리나라에는 열 가지쯤 살고 있습니다. 멕시코에서는 아주 오래전부터 비름 무리 식물인 맨드라미 씨앗을 먹고 살았대요. 지금도 히말라야 같은 곳에서 심어 기르지요. 또 그리스에서는 비름을 채소로 길러 먹었습니다.

분류 비름과
잘 자라는 곳 들판이나 밭에서 저절로 자란다.
종류 개비름
꽃 피는 때 7~9월
쓰임 어린 순을 나물로 먹는다. 약으로도 쓴다.

뽕나무

1997년 6월 강원도 원주

뽕나무는 누에를 치려고 심어 기르는 작은키나무입니다. 우리나라에서 누에를 치기 시작한 것이 삼한 시대부터라고 하니 뽕나무도 그때부터 심어 길렀으리라고 짐작할 수 있어요. 산기슭이나 들판에서 저절로 자라는 산뽕나무와도 큰 차이가 없습니다.

뽕나무는 높이가 7~8m쯤 되고 가지를 많이 치지요. 나무껍질은 잿빛 밤색이고 어린 가지에는 보드라운 잿빛이 도는 흰색 털이 있습니다. 잎은 어긋나게 붙고 심장 모양에 끝이 뾰족하며 가장자리에 톱니가 있습니다. 암수딴그루이고 꽃은 5~6월에 이삭 모양으로 피는데 꽃송이는 생긴 그대로 열매로 익습니다. 뽕나무 열매는 오디라고 부르는데 처음에는 연두색이다가 익으면서 붉어지고 다 익으면 까맣게 바뀝니다. 까맣게 익은 열매는 무척 달고 맛이 좋습니다. 오디는 약으로도 쓰고 술도 담지요.

우리 어머니들이 어릴 때만 해도 우리나라에서 누에를 많이 길렀어요. 그래서 곳곳에 뽕나무밭이 있었지요. 서울에 있는 잠실은 뽕나무를 많이 기르던 곳이었대요. 잠실이라는 이름도 누에를 많이 치는 곳이라는 뜻으로 붙였습니다. 뽕나무 속껍질은 말려서 열을 내리고 오줌을 잘 나오게 하는 약으로 쓰지요.

뽕잎을 먹는 누에

분류 뽕나무과
잘 자라는 곳 누에를 치려고 밭이나 밭둑에 심어 기른다.
다른 이름 오디나무
꽃 피는 때 5~6월
열매 익는 때 6월
쓰임 잎은 누에를 치고 열매는 먹는다. 나무껍질은 종이나 옷감을 만든다.

소나무

적송 1996년 7월 경기도 광릉

소나무는 우리나라 어디에서나 자라는 늘푸른바늘잎나무입니다. 나무통은 곧게 자라지만 야산이나 거친 땅에서는 구부러집니다. 곧게 잘 자란 소나무는 키가 40m에 이르기도 합니다. 중심 가지는 수렛살 모양으로 둥그렇게 갈라져 뻗습니다. 잎은 초록색이고 바늘처럼 생겼는데 가지에 두 개씩 붙어 있어요. 5월에 한 그루에서 노란 수꽃과 자주색 암꽃이 함께 피지요. 수꽃에 들어 있는 노란 꽃가루는 송홧가루라고 하는데 바람이 조금만 불어도 멀리 날아갑니다. 이렇게 바람의 도움으로 가루받이를 하는 꽃을 풍매화라고 불러요. 가루받이가 끝나면 콩알만 한 솔방울이 파랗게 달려요. 솔방울은 이듬해 10월 쯤 여물어서 나무처럼 단단해지지요. 솔방울 속에는 씨앗이 들어 있는데 솔씨에는 날개가 붙어 있어서 바람을 타고 멀리 날아갑니다.

　우리 겨레는 옛날부터 소나무를 써서 집을 짓고 살았어요. 조선 시대에 지은 궁궐이나 절도 거의 소나무로 지었습니다. 소나무는 오래 지나도 휘거나 갈라지지 않고 벌레가 안 생겨서 훌륭한 재목이 되지요. 우리 할머니, 할아버지들은 보릿고개나 흉년이 들면 소나무의 속껍질을 벗겨 먹고 살았대요. 송홧가루는 다식을 만들고, 솔잎은 술을 빚지요. 송진은 약으로 쓰고, 마른 나무는 땔감으로 썼어요.

분류 소나무과
잘 자라는 곳 햇빛이 잘 드는 산에서 자란다.
종류 적송, 금강송, 춘양목
꽃 피는 때 5월
열매 여무는 때 이듬해 10월
쓰임 나무는 목재로 쓰고, 솔잎은 술을 담고, 꽃가루는 다식을 만든다.

솔씨

쇠뜨기

쇠뜨기

뱀밥

쇠뜨기는 축축한 풀밭이나 논둑에서 저절로 자라는 여러해살이풀입니다. 햇빛이 잘 들고 축축한 풀밭에서 쉽게 찾아볼 수 있지요. 쇠뜨기는 꽃이 피지 않고 홀씨로 자손을 늘려 가요. 홀씨로 자손을 퍼뜨리는 것은 오래된 식물의 특징이지요. 쇠뜨기는 지금으로부터 3억 년쯤 전에 지구에 처음 나타나기 시작했대요. 지금 우리가 보는 쇠뜨기는 3억 년 전의 쇠뜨기와 몸의 얼개가 거의 같고 크기만 작아졌을 뿐이에요.

쇠뜨기는 땅속줄기가 길게 뻗으면서 자랍니다. 이른 봄에 땅속줄기에서 홀씨가 붙어 있는 줄기가 나와요. 이것이 뱀 머리처럼 생겼다고 뱀밥이라고 하는데 높이는 30cm 안팎으로 자라지요. 5~6월이 되면 뱀밥에 있는 홀씨주머니에서 홀씨가 나옵니다. 영양줄기는 뱀밥이 시들 때쯤 땅속줄기에서 올라와요. 영양줄기는 선명한 초록색이고 땅 위에 곧게 자랍니다. 우리가 쇠뜨기라고 하는 것이 영양줄기예요. 쇠뜨기는 마디에 잔가지가 많이 돌려나고 가지는 네모지지요. 또 꽃이 피지 않고 씨도 생기지 않아요. 그러니까 뱀밥은 쇠뜨기의 꽃과 같은 구실을 하는 셈이에요.

뱀밥은 뜯어다가 껍질을 벗기고 데쳐서 나물로 먹지요. 차를 끓여 먹기도 하고 오줌이 잘 나오게 하려고 약으로도 써요. 쇠뜨기로는 술도 담가 먹는답니다.

분류 속새과
잘 자라는 곳 축축하고 햇빛이 잘 드는 풀밭이나 논둑에서 자란다.
다른 이름 쇠띠, 쇠띠기, 뱀밥, 배암꽃
꽃 피는 때 꽃이 피지 않고 홀씨로 무리를 늘려 간다.
쓰임 약으로 쓴다.

쇠비름

1996년 9월 전북 부안

쇠비름은 밭이나 길가에서 흔히 자라는 한해살이풀입니다. 비름이나 쇠비름은 밭에 많이 나기 때문에 농사짓는 분들이 특히 싫어하는 풀이지요. 살려는 힘이 무척 강해서 다른 풀이 자라기 어려운 곳에서도 볼 수 있어요. 줄기가 옆으로 비스듬히 기면서 빠르게 퍼져 나가기 때문에 조금만 김매기를 게을리해도 금방 퍼져 나가지요. 또 줄기나 잎에 물기가 많아서 웬만한 가뭄에는 끄떡도 안 해요. 김매기를 하면서 뿌리째 뽑아 놓아도 오랫동안 살아 있어요. 또 비가 조금만 오면 곧 되살아납니다. 그렇다고 쓸모가 없는 풀은 아니에요. 연한 잎과 줄기는 데친 다음 말려서 나물로 먹지요. 또 쇠비름 즙은 벌레 독이나 뱀독을 풀어 준대요. 들판에서 벌레에게 물렸을 때 쇠비름을 짓이겨서 바르면 가려움도 덜하고 독도 쉽게 빠집니다.

쇠비름의 잎은 어긋나게 붙기도 하고 마주나기도 해요. 잎 생김새는 수박씨나 혀를 닮았어요. 한약방에서는 마치현이라는 이름으로 부르지요. 쇠비름의 잎 모습이 말의 앞니를 닮았다는 뜻에서 그렇게 부른대요. 6월부터 가지 끝 잎겨드랑이에서 노란색 꽃이 피기 시작하여 가을까지 피고 지지요. 꽃 한 송이는 해가 날 때 반짝 피었다가 곧 지고 맙니다.

분류 쇠비름과
잘 자라는 곳 밭이나 길가에서 저절로 자란다.
다른 이름 말비름, 돼지풀, 도둑풀, 마치현
꽃 피는 때 6~9월
열매 익는 때 8월부터
쓰임 어린순을 나물로 먹는다. 잎이나 줄기를 약으로 쓴다.

쑥

1995년 8월 서울 연남동

쑥은 산과 들의 양지바른 곳에서 자라는 여러해살이풀입니다. 우리나라 들판 어디든 쑥이 없는 곳이 없을 정도로 흔한 풀이지요. 줄기는 곧게 자라고 다 자라면 높이 1m가 넘게 자랍니다. 줄기는 거미줄 같은 털로 덮여 있습니다. 잎 앞쪽은 초록색이고 털이 거의 없지만, 뒤쪽은 솜털 때문에 하얗게 보입니다. 가을에 줄기와 가지 끝에서 자잘한 황토색 꽃이 다닥다닥 피어나지요. 줄기나 잎 전체에서 향기로운 냄새가 강하게 납니다.

쑥은 쓰임새가 참 많은 풀입니다. 쑥은 이른 봄부터 새싹을 뜯기 시작하여 초여름까지 잎을 뜯어 먹습니다. 어린 쑥이나 쑥잎은 국을 끓여 먹고, 쌀가루나 밀가루와 함께 쪄서 떡도 해 먹지요. 또 대궁째 베어 말려서 약으로 달여 먹기도 합니다. 쑥잎을 말려서 비빈 다음 뜸을 뜨기도 합니다. 생쑥을 짓찧어서 상처 난 데 붙이기도 하지요. 쑥은 상처를 소독해 주고 잘 아물게 해 주니까요. 쑥대를 베어 모깃불을 지피기도 합니다. 이렇게 쓰임새가 많다 보니 집집마다 짚이나 새끼에 엮어서 말려 두고 일 년 내내 썼지요. 약으로 쓰는 쑥은 강화도에서 나는 것을 제일로 친답니다.

분류 국화과
잘 자라는 곳 밭둑이나 들판에서 저절로 자란다.
다른 이름 애호, 붕애, 애엽
꽃 피는 때 7~9월
열매 익는 때 8~10월
쓰임 약으로 쓴다. 어린잎은 떡이나 차를 만들어 먹는다.

씀바귀

1997년 5월 경북 상주

씀바귀는 산과 들에서 자라는 여러해살이풀입니다. 냉이처럼 뿌리째 캐어 봄나물로 먹는데, 맛이 쓰다고 씀바귀라고 부르지요. 싸랑구리나 씸베나물이라고 부르기도 하는데 모두 쓰다는 뜻을 담고 있어요.

씀바귀는 줄기가 곧게 자라고 높이는 30~50cm쯤 되지요. 줄기는 가늘고 가지가 여러 가닥으로 갈라지기도 해요. 몸통을 자르면 쌀뜨물 같은 흰 즙이 나오는데 맛이 무척 씁니다. 뿌리잎은 여러 장이 모여나고 끝이 뾰족하며 가장자리에 톱니가 있어요. 줄기잎은 어긋나게 붙고 밑부분이 줄기를 감싸고 있습니다. 가장자리에는 잔 톱니가 있거나 깃꼴로 갈라져요. 5~7월에 줄기나 가지 끝에 노란 꽃이 핍니다. 흰 꽃이 피는 것을 흰씀바귀라고 불러요. 8월이면 열매가 검게 익는데 연한 갈색 깃털이 붙어 있어서 바람을 타고 날아가요.

씀바귀는 쓴맛을 우려낸 다음에 무치거나 김치를 담가 먹어요. 장아찌를 만들기도 하지요. 봄에 씀바귀를 많이 먹으면 여름에 더위를 타지 않는다고도 해요. 속병이 있거나 입맛이 없을 때 약으로도 먹습니다. 부스럼이 난 자리에 씀바귀 즙을 바르기도 한대요. 또 토끼가 아주 좋아해서 새끼를 낳으면 씀바귀를 뜯어 먹였습니다.

분류 국화과
잘 자라는 곳 밭이나 산기슭에서 저절로 자란다.
다른 이름 씸베나물, 싸랑구리, 서구새, 쓴냉이, 쓴나물
꽃 피는 때 5~7월
열매 익는 때 6월부터
쓰임 어린잎과 뿌리를 봄나물로 먹는다.

아까시나무

1997년 5월 강원도 원주

아까시나무는 산기슭이나 길가에 심어 기르는 큰키나무입니다. 흔히 아카시아라고 부르는데 아까시나무라고 부르는 게 맞습니다. 아카시아라는 식물은 아프리카나 호주의 사막에서 자라는데 노란 꽃이 피는 식물이에요.

아까시나무는 높이가 15~20m쯤 되고 나무껍질은 검은 밤색에 세로로 깊게 터집니다. 잔가지는 잿빛이 도는 밤색이고 매끈하지요. 가지에는 날카로운 가시가 나 있습니다. 잎은 어긋나게 붙고 여러 쌍의 쪽잎으로 이루어진 겹잎이에요. 쪽잎 하나하나는 갸름한 타원꼴이지요. 5~6월에 가지 위의 잎겨드랑이에 나비처럼 생긴 흰 꽃들이 길게 모여서 조롱조롱 달립니다. 꽃은 향기가 무척 좋아요. 열매는 납작하고 기다란 꼬투리 열매이고 가을이면 진한 밤색으로 여물어요. 꼬투리 속에는 씨앗이 여러 개 들어 있습니다.

아까시나무는 우리나라 토박이 나무가 아닙니다. 백 년쯤 전에 일본 사람들이 들여온 나무예요. 헐벗은 산을 푸르게 하려고 빨리 자라는 아까시나무를 심었대요. 아까시나무꽃에는 꿀이 많이 들어 있어서 벌을 칩니다. 나무는 달구지를 만들거나 괭이 자루를 깎았어요. 땔감으로도 많이 쓴답니다.

분류 콩과
잘 자라는 곳 산기슭이나 헐벗은 산에서 자란다.
다른 이름 아카시아나무, 아가씨
꽃 피는 때 5~6월
열매 익는 때 가을
쓰임 나무는 땔감으로 쓰고 꽃으로는 벌을 친다.

애기똥풀

1995년 10월 서울 동교동

애기똥풀은 산기슭이나 들, 길가의 눅눅한 곳에서 자라는 두해살이풀입니다. 줄기나 잎에 연한 흰 털이 드문드문 나 있고 자르면 노란색 즙이 나옵니다. 이 노란색 즙이 아기 똥 같다고 애기똥풀이라고 부릅니다. 노란 젖 같다고 젖풀이라고 부르기도 하지요.

애기똥풀은 보통 50cm 안팎까지 자라는데 1m까지 자라는 것도 있대요. 잎은 어긋나게 붙고 깃꼴로 갈라졌는데 예닐곱 장의 쪽잎으로 이루어져 있지요. 생김새는 국화잎이나 쑥잎과 비슷하게 생겼어요. 잎의 앞쪽은 초록색이지만 뒤쪽은 희지요. 5~9월에 걸쳐 가지 끝에서 꽃대가 올라오면 샛노란 꽃이 피어나는데 언뜻 보면 배추꽃과 비슷합니다. 꽃이 지고 나면 좁은 기둥처럼 생긴 열매가 맺히는데 다 익으면 검은 씨앗이 튀어나오지요.

애기똥풀 즙에는 독이 있어서 함부로 먹으면 안 됩니다. 소도 잘못 먹으면 물똥을 싸지요. 그러니까 쑥을 뜯을 때나 소먹이 풀을 벨 때 섞여 들어가지 않도록 조심해야 해요. 그러나 무좀이나 벌레 물린 데 애기똥풀을 짓이겨 바르면 몹시 따갑지만 잘 낫지요. 말려서 황달이나 암을 이기는 약으로 쓰기도 합니다.

분류 양귀비과
잘 자라는 곳 응달지고 눅눅한 곳에서 저절로 자란다.
다른 이름 젖풀, 백굴채
꽃 피는 때 5~9월
열매 맺는 때 6~10월
쓰임 약으로 쓴다.

억새

1997년 10월 경북 상주

억새는 산과 들에서 자라는 여러해살이풀입니다. 갈대와 비슷하게 생겼지만 이삭의 색깔이 갈대는 밤색이고 억새는 흰색이에요. 또 갈대와 달리 물기가 많은 곳에서는 찾아보기가 힘듭니다. 억새는 마디가 굵고 짧은 뿌리줄기가 있어요. 줄기는 모여 나고 높이 1~2m쯤 곧게 자라지요. 줄기는 속이 빈 기둥 꼴이에요. 잎은 끈처럼 얇고 긴데 끝에는 솜털이 있지요. 잎 가장자리에는 날카로운 톱니가 있어서 살짝만 닿아도 살갗을 뱁니다. 9월쯤 되면 줄기 끝에 가늘고 긴 꽃이삭이 나와서 하얀 털 뭉치처럼 피어나지요.

　억새는 논이 적은 산 마을에서 볏짚 대신 썼어요. 특히 지붕을 많이 이었지요. 억새로 만든 지붕은 볏짚으로 엮은 것보다 오래가고 벌레도 덜 꼬인대요. 그래서 한번 잘 이어 놓으면 20년쯤은 큰 탈 없이 버틸 수 있었다고 해요. 또 발이나 삼태기도 엮고 신도 삼고 밧줄도 꼬아 썼어요. 소도 먹이고 말려서 땔감으로도 썼습니다. 제주도에서는 억새 이삭을 단단히 엮어서 불씨 집을 만들어서 들고 다녔대요. 이걸 화승이라고 하는데, 들이나 산에서 담뱃불을 붙일 때 쓰는 거래요. 억새의 뿌리는 약으로도 쓰는데 암을 이기는 효과가 있다고 합니다.

분류 벼과
잘 자라는 곳 산기슭이나 들판에서 저절로 자란다.
다른 이름 으악새, 속새, 웍새, 어욱, 옥살
꽃 피는 때 9월
열매 익는 때 10월
쓰임 지붕도 잇고 땔감도 한다. 뿌리는 약으로 쓴다.

엉겅퀴

엉겅퀴는 낮은 산이나 들판에서 자라는 여러해살이풀입니다. 여름철 들판에서 핀 엉겅퀴꽃은 무척 아름답습니다. 진한 자주색 꽃방망이가 꽤 큼직하고 탐스러워요. 그러나 날카로운 가시가 나 있어서 살갗에 닿으면 따끔거리고 피가 나요. 이렇게 가시가 나 있다고 가시나물이라고도 부르지요.

엉겅퀴는 쓸모가 많아요. 어릴 때는 나물로 무쳐 먹고 자란 뒤에는 약으로 쓰니까요. 나물로 먹을 때는 살짝 데쳐서 우려낸 다음에 먹어야 쓴맛이 없어지지요. 엉겅퀴에는 피를 멎게 하는 약효가 들어 있대요. 또 신경통이나 관절염에 좋아서 할머니들이 많이 캐러 다니지요. 엉겅퀴를 뿌리째 캐서 짓이긴 뒤에 밀가루 반죽에 섞어서 허리나 다리에 붙이면 아프던 곳이 시원해진대요.

엉겅퀴는 들풀 가운데서 키가 꽤 큰 편이에요. 다 자라면 아이들 키만 한 것도 있으니까요. 엉겅퀴 줄기는 곧게 자라고 잎은 줄기에 어긋나게 붙어요. 잎은 깃털처럼 깊게 갈라지고 가장자리에 날카로운 가시가 나 있지요. 잎 뒤쪽에는 가느다란 털이 거미줄같이 엉켜 있어요. 꽃은 6~8월에 피는데 민들레처럼 자잘한 꽃이 머리 모양으로 한데 모여 핍니다. 꼭 자주색 연지솔 같지요. 꽃이 지면 누런색 씨가 맺히는데, 씨의 아래쪽에는 흰 갓털이 나 있어요.

분류 국화과
잘 자라는 곳 들이나 산에서 저절로 자란다.
다른 이름 가시나물, 엉거시, 항가시
꽃 피는 때 6~8월
쓰임 어린잎을 나물로 먹는다. 줄기와 잎은 약으로 쓴다.

오동나무

참오동나무 1997년 9월 강원도 원주

오동나무는 심어 기르는 큰키나무입니다. 도시에서도 마당에 많이 심는 데다가 잎이 워낙 크고 넓어서 쉽게 알아볼 수 있어요. 오동나무는 옛날부터 집 가까이에 한두 그루씩 심어 두고 길렀어요. 꽃 냄새가 향기로운 데다가 워낙 쓸모가 많은 나무이기 때문이지요.

오동나무는 나뭇결이 아름답고 갈라지거나 뒤틀리지 않아요. 물기도 잘 안 스며든대요. 그래서 장롱을 비롯한 가구를 만드는 데 으뜸으로 쳤지요. 아름다운 나전 칠기도 오동나무에 조개나 전복 껍데기를 오려 붙여서 만든대요. 악기 재료로도 귀하게 여겼어요. 특히 거문고나 비파, 가야금 같은 악기를 만들면 소리가 아주 곱고 맑지요. 옛말에 오동나무는 씨만 보아도 춤이 나온다는 말이 있을 정도로 소리가 좋은 나무랍니다.

오동나무는 10m가 넘을 만큼 높이 자라요. 나무껍질은 검회색이지요. 잎은 마주나고 긴 잎자루가 있어요. 오동나무는 우리나라에서 나는 나무 가운데에서 잎이 가장 넓습니다. 잎 뒤쪽에는 갈색 털이 드문드문 나 있어요. 참오동나무는 잎 뒤에 흰 털이 많이 나 있지요. 5월에 가지 끝에서 종처럼 생긴 자주색 꽃이 피어나는데 향기가 짙게 납니다. 꽃이 지면 둥그스름한 열매가 열리지요.

분류 현삼과
잘 자라는 곳 마당에 심어 기른다.
다른 이름 오동
꽃 피는 때 5~6월
열매 익는 때 10월
쓰임 나무를 말려서 가구를 만든다.

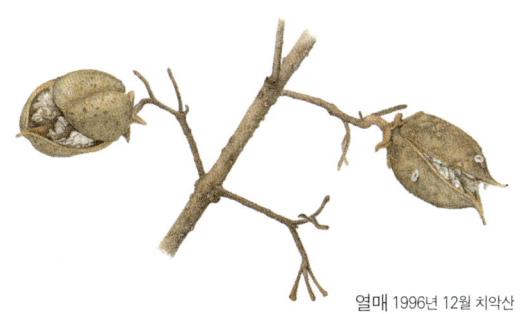

열매 1996년 12월 치악산

오리나무

물오리나무 1997년 9월 강원도 치악산

오리나무는 산기슭 개울가나 골짜기에서 자라는 큰키나무입니다. '십 리 절반 오리나무'라는 말이 있듯이 오 리쯤 가다가 한 그루씩 나타난다고 이런 이름이 붙었다지요. 나무껍질은 잿빛 밤색이고 어린 가지는 붉은빛을 띠는데 껍질 구멍이 많습니다. 3~4월에 잎이 나오기 전에 꽃이 핍니다. 노르스름하고 기다란 수꽃은 가지 끝에서 아래로 축 늘어지고 그 옆에 작고 붉은 암꽃이 달립니다. 잎은 꽃이 질 무렵에 나지요. 잎은 어긋나게 붙고 갸름하게 생겼는데 가장자리에 톱니가 있어요. 앞쪽은 털이 없고 뒤쪽은 붉은 밤색 털이 난 것도 있지요. 작은 솔방울 같은 열매는 10월에 여뭅니다.

오리나무 목재는 말라도 벌어지지 않아서 쓰임새가 많습니다. 옛날에는 지게나 연장 자루뿐 아니라 나막신이나 그릇을 만들어 썼대요. 또 오리나무 숯으로는 화약을 만들었답니다. 또 불땀이 좋아서 대장간에서는 오리나무로 숯불을 지펴서 썼습니다. 그 밖에도 오리나무는 물감나무라는 별명이 있을 정도로 여러 색깔의 물감을 내지요. 같은 오리나무라도 나무를 삶으면 붉은색, 나무껍질로는 갈색 물감을 얻는대요. 또 열매와 진흙을 섞으면 검은색 물감을 냈다고 합니다. 특히 물고기 그물에는 꼭 오리나무 물을 들였다고 해요.

분류 자작나무과
잘 자라는 곳 산기슭 개울가나 골짜기에서 자란다.
다른 이름 물감나무
꽃 피는 때 3~4월
열매 익는 때 10월
쓰임 나무로는 그릇 따위를 만든다. 여러 가지 물감도 낸다.

사방오리나무꽃 1997년 4월 충남 임천

오이풀

1996년 8월 전북 부안 내소사

오이풀은 산기슭이나 풀숲에서 자라는 여러해살이풀입니다. 풀잎에서 오이 냄새가 난다고 오이풀이라고 불러요. 가을철 숲에서 유난히 붉은 꽃이삭이 꼿꼿이 서 있는 것을 볼 수 있지요. 언뜻 보면 열매 같기도 하지만 자세히 보면 작은 꽃 여러 개가 방망이처럼 모여 핀 것을 알 수 있지요.

오이풀은 줄기가 곧게 자라고 위에서 가지를 칩니다. 키가 자라면 150cm에 이르고 줄기는 털이 없이 매끈합니다. 잎은 잎자루가 길고 여러 장의 작은 쪽잎으로 이루어진 겹잎이에요. 쪽잎은 달걀꼴이고 가장자리에 톱니가 있지요. 7~9월에 검붉은 꽃이 피고 10월에 열매가 익습니다.

산과 들에 나는 들풀 가운데 쓸모가 아주 없는 것은 하나도 없습니다. 오이풀도 마찬가지예요. 이른 봄에 나는 어린잎은 나물로 먹고 뿌리는 잘게 썰어서 밥에 넣기도 했어요. 쓴맛이 나서 데쳐서 우려낸 다음 먹었다고 해요. 생리통을 없애는 약으로도 썼어요. 오이풀의 줄기와 잎을 베어서 달여 먹으면 생리통이 감쪽같이 사라진대요. 서리를 맞고 난 오이풀이 약효가 가장 뛰어나다고 해요. 꽃과 잎을 말려서 차처럼 끓여 마시기도 했대요. 어린이들은 이 풀을 뽑아서 손바닥을 때리면서 "오이 냄새 나라, 참외 냄새 나라." 하면서 놀지요.

분류 장미과
잘 자라는 곳 들판이나 산기슭에서 저절로 자란다.
다른 이름 수박풀, 외순나물
꽃 피는 때 7~9월
열매 익는 때 10월
쓰임 어린잎은 먹고, 뿌리는 약으로 쓴다.

은행나무

1996년 9월 경기도 고양

다 여문 씨앗

은행나무는 심어 기르는 큰키나무입니다. 오래전부터 마을이나 절, 길가에 심었습니다. 경기도 용문사에 있는 은행나무는 나이가 천 살도 넘는다고 해요. 은행나무는 식물의 역사를 연구하는 데 중요한 나무예요. 지금 자라고 있는 은행나무는 1억 5천만 년 전 공룡과 함께 살던 은행나무와 꼭 같대요. 빙하기를 거치면서 다른 식물들이 거의 얼어 죽는 동안에도 은행나무만은 살아남아서 오늘에 이르렀지요. 그래서 은행나무를 살아 있는 화석이라고 부르기도 합니다.

은행나무는 나뭇잎이 부챗살처럼 생겨서 쉽게 알아볼 수 있어요. 잎은 처음에는 초록색이지만 가을이 되면 노랗게 물들지요. 은행나무는 암나무와 수나무가 따로 있어요. 4~5월에 꽃이 피면 수꽃가루가 날아와서 암꽃의 암술머리에 닿아서 열매를 만들지요. 노랗게 익은 열매의 겉껍질은 고약한 냄새가 나고 독을 품고 있어요. 그래서 잘못 만지면 살갗이 붓고 가려워지면서 두드러기가 나지요. 이런 것을 은행 옻이 오른다고 해요. 열매껍질 안에는 딱딱한 속껍데기가 있어요. 우리가 먹는 은행은 열매의 속살인데 얇은 갈색 막에 또 한 번 싸여 있지요. 은행은 굽거나 쪄서 먹고 기침약으로도 써요. 은행잎으로는 피를 맑게 하는 약을 만들지요. 나무로는 밥상이나 바둑판을 만들고 불상을 새기기도 해요.

분류 은행나무과
잘 자라는 곳 마을이나 절에서 심어 기른다.
다른 이름 압각수, 공손수
꽃 피는 때 4~5월
열매 따는 때 9~10월
쓰임 잎과 열매는 약으로 쓰고, 나무로는 밥상 따위를 만든다.

익모초

1995년 9월 경기도 의정부

익모초는 들판이나 길가, 밭둑이나 산기슭의 양지바른 곳에서 자라는 두해살이풀입니다. 가을에 싹이 터서 잎이 나옵니다. 이 잎은 방석처럼 땅바닥에 착 달라붙어서 추운 겨울을 나지요. 이듬해 봄이 되면 줄기가 나와서 1.5m 안팎까지 자랍니다. 잎은 마주나는데 깊이 갈라지고 가장자리에 둔한 톱니가 있습니다. 줄기와 잎에는 잔털이 있어요. 7~8월에 줄기 윗부분의 잎겨드랑이마다 연붉은 보라색 꽃이 층층이 피어나지요.

익모초는 오래전부터 약으로 썼습니다. 비싸거나 귀한 약은 아니지만 쓰임새는 인삼 못지않게 많아요. 배앓이나 더위 먹은 데, 입맛이 없을 때 익모초 즙을 내어 마셨지요. 특히 아기를 낳은 어머니들은 익모초 즙을 달여서 엿처럼 만들어 먹었습니다. 익모초라는 이름에는 어머니에게 이로운 풀이라는 뜻이 담겨 있지요. 익모초 즙은 맛이 무척 써서 먹기가 쉽지는 않지만 약효는 뛰어납니다. 또 공장에서 만든 약과 달리 많이 먹어도 큰 탈이 없어서 마음 놓고 쓸 수 있습니다. 그래서 옛날에는 집집마다 익모초를 말리거나 달여 두었다가 두고두고 약으로 쓰곤 했지요. 익모초를 육모초라고 부르는 곳도 있습니다.

분류 꿀풀과
잘 자라는 곳 양지바른 들판이나 묵은밭에서 자란다.
다른 이름 암눈비알, 육모초
꽃 피는 때 7~8월
열매 맺는 때 8~9월
쓰임 약으로 쓴다.

잣나무

1997년 6월 강원도 홍천

잣나무는 산 중턱이나 산꼭대기의 기름지고 양지바른 땅에서 자라는 늘푸른바늘잎나무입니다. 본디 높은 산에서 저절로 자라는데 잣을 따려고 마을에서 가까운 산에 심어 기르기도 합니다. 경기도 가평군은 잣나무가 많기로 이름난 곳이지요.

잣나무는 높이가 30m쯤 됩니다. 나무껍질은 얇고 잿빛이 도는 밤색인데 오래되면 비늘 조각이 떨어집니다. 잎은 솔잎처럼 가늘고 길지만 다섯 가닥씩 모여나지요. 5월쯤 암꽃과 수꽃이 한 나무에서 핍니다. 수꽃은 새로 자란 가지 아래쪽에 피고 긴 타원꼴에 붉은빛이 도는 노란색이에요. 암꽃은 새로 자란 가지 끝에 붙는데 둥근 기둥꼴에 연두색이 도는 밤색이지요. 열매인 잣송이는 이듬해 10월쯤에 짙푸른색이 도는 밤색으로 여뭅니다. 잣송이의 비늘쪽 하나 하나에는 씨앗이 두 개씩 나란히 붙어 있지요. 이 씨앗은 딱딱한 밤색 껍질에 싸여 있는데 우리가 먹는 잣은 씨앗의 속살이랍니다.

잣은 호두처럼 맛이 고소합니다. 그래서 그냥 먹기도 하고 수정과나 식혜 위에 서너 알씩 띄워서 맛을 내기도 하지요. 잣죽을 쑤어 먹기도 해요. 또 잣에서 짠 기름은 약으로 쓰기도 합니다. 잣나무는 집을 지을 때 기둥을 세우고 배도 만들고 가구도 짜지요.

분류 소나무과
잘 자라는 곳 중부 지방의 산 중턱이나 산꼭대기 양지바른 곳에서 자란다.
다른 이름 홍송, 과송, 해송
꽃 피는 때 5월
열매 따는 때 10월
쓰임 씨앗을 먹거나 약으로 쓴다. 나무로는 집을 짓거나 가구를 짠다.

전나무

흰전나무 1997년 8월 경북 문경 이화령

전나무는 높은 산에서 자라는 늘푸른바늘잎나무입니다. 오대산이나 설악산, 백두산이나 금강산처럼 북부 지방의 높은 산에서 많이 자라는데 남부 지방에서도 높은 산에 가면 볼 수 있습니다. 높이가 30~50m, 나무통 지름이 1m에 이르도록 크게 자라기도 하지요. 나무껍질은 잿빛을 띤 밤색인데 늙으면 어두운 밤색으로 바뀌고 작은 비늘이 있습니다. 잎은 가지에 어긋나게 붙고 납작한 빗살처럼 두 줄로 붙어요. 잎의 앞쪽은 진한 초록색이고 뒤쪽에는 잎맥 양쪽에 흰색 공기 구멍이 줄지어 있어요. 꽃은 4~5월에 암꽃과 수꽃이 한 나무에서 핍니다. 가을이 되면 초록색을 띤 밤색 솔방울이 맺히는데 둥근 통같이 생겼어요. 전나무의 솔방울은 땅을 내려 보지 않고 하늘을 향해 달리기 때문에 아주 늠름해 보입니다.

  전나무는 쓰임새가 많아요. 줄기가 굽는 일이 없고, 오래 자라면 나무통에 굵은 곁가지가 거의 없이 미끈해요. 그래서 절이나 큰 집을 지을 때 기둥이나 대들보로 많이 썼어요. 가구를 짜거나 펄프의 원료로도 쓰지요. 송진은 다쳐서 피가 나는 데 바르기도 하고 폐병 약으로도 씁니다. 서양에서는 크리스마스트리를 만들 때 전나무를 쓰지요.

분류 소나무과
잘 자라는 곳 높은 산에서 자란다.
다른 이름 젓나무
꽃 피는 때 4~5월
열매 익는 때 10월
쓰임 잎이나 송진은 약으로 쓰고, 나무는 집을 짓거나 가구를 짠다.

제비꽃

1995년 5월 경기도 과천

제비꽃은 산이나 들판, 밭둑이나 길가의 양지바른 곳에서 자라는 여러해살이풀입니다. 줄기는 없고 잎은 뿌리에서 여러 장이 모여서 뿌리잎을 이루지요. 이른 봄에 잎자루가 긴 갸름한 잎이 사방으로 납니다. 이어서 잎겨드랑이에서 긴 꽃대가 꼿꼿이 올라오고 그 끝에 보라색 꽃이 피지요. 종류에 따라 흰 꽃이나 노란 꽃이나 분홍색 꽃이 피는 것도 있습니다. 꽃이 지면 타원꼴 열매가 달립니다. 5~6월에 열매가 여물면 까맣고 자잘한 씨앗이 튀어나오지요.

제비꽃은 알고 보면 종류가 무척 많습니다. 꽃 색깔이나 사는 곳에 따라서 부르는 이름도 달라요. 우리나라만 해도 남산제비꽃, 졸방제비꽃, 노랑제비꽃, 흰제비꽃 따위의 여러 종이 자라고 있습니다. 또 같은 제비꽃이라도 지방에 따라 부르는 이름이 다릅니다. 오랑캐꽃이라고도 부르고, 병아리꽃, 씨름꽃, 앉은뱅이꽃이라고 부르지요. 이런 이름들은 괜히 붙은 게 아닙니다. 누가 처음 붙였는지는 모르지만 꽃 모양이나 피는 때를 생각해서 붙인 이름이에요. 제비꽃의 어린잎은 나물로 먹고 뿌리나 잎은 약으로도 쓰지요. 제비꽃은 그리스의 나라꽃이기도 합니다.

분류 제비꽃과
잘 자라는 곳 양지바른 산이나 들판, 길가에서 저절로 자란다.
다른 이름 병아리꽃, 앉은뱅이꽃, 오랑캐꽃, 씨름꽃, 반지꽃
꽃 피는 때 이른 봄
열매 여무는 때 5~6월
쓰임 어린잎은 나물로 먹고, 잎이나 뿌리는 약으로 쓴다.

주목

1996년 3월 서울 창동

주목은 높은 산의 그늘진 땅에서 자라는 늘푸른바늘잎나무입니다. 나무껍질이 붉어서 주목이라고 부르지요. 태백산이나 소백산, 설악산에는 오래된 주목이 숲을 이루고 있어요. 나무 생김새가 아름다워서 절이나 공원, 학교나 집 뜰에도 많이 심습니다.

주목은 높이가 20m쯤 됩니다. 나무껍질은 붉은 밤색인데 오래되면 얇은 비늘처럼 되어 떨어지지요. 어린 가지는 연두색이지만 자라면서 붉은색으로 바뀌어요. 잎은 짧고 가늘고 만지면 부드럽습니다. 잎은 옆으로 뻗은 가지에 깃꼴로 붙지요. 잎의 앞쪽은 진한 초록색이고 뒤쪽은 흐린 초록색을 띠지요. 암수딴그루 식물이고 꽃은 묵은 가지의 잎겨드랑이에서 핍니다. 암그루에는 가을에 앵두처럼 동그란 열매가 빨갛게 익습니다. 빨간 열매껍질은 씨앗을 완전히 감싸지 않고 밑이 열려 있어서 속으로 연두색 씨앗이 들여다보이지요. 이 열매껍질은 단맛이 나서 먹을 수 있지요. 그러나 씨앗에는 독이 들어 있으니까 먹으면 안 돼요.

주목은 나무 색과 결이 곱고 매끄러운 데다가 향기가 있어서 고급 목재로 치지요. 그래서 불상이나 불교 용품을 만들지요. 잎과 열매는 말려서 오줌을 잘 나오게 하는 약으로 씁니다. 특히 잎에는 암을 고치는 약 성분이 들어 있대요.

겨울눈 1996년 11월

분류 주목과
잘 자라는 곳 춥고 그늘진 높은 산속에서 자란다. 심어 기르기도 한다.
꽃 피는 때 5~6월
열매 익는 때 9~10월
쓰임 나무로 조각 따위를 한다. 껍질은 신경통 약으로 쓴다.

진달래

1996년 4월 서울 창동

진달래는 산기슭이나 소나무 숲 아래에서 자라는 떨기나무입니다. 나무가 우거진 깊은 산에서는 자라지 않고 산기슭에서 많이 자라지요. 특히 북쪽 산기슭에 많아요. 보통 여러 그루씩 무리 지어 자라기 때문에 꽃이 피면 산자락이 온통 붉게 물듭니다.

진달래는 보통 1~2m 높이로 자라고 가지를 많이 칩니다. 나무껍질은 잿빛이 도는 밤색인데 어린 가지는 연두색이지요. 4월쯤 가지 끝에 달린 눈에서 꽃봉오리가 나오고 분홍색 꽃이 핍니다. 꽃잎은 다섯 갈래로 깊게 갈라지고 수술이 열 개, 암술이 한 개씩 들어 있지요. 잎은 꽃이 질 때쯤 나옵니다. 잎은 어긋나게 붙고 뾰족한 타원꼴에 짧은 잎자루가 있어요. 열매는 긴 달걀처럼 생기고 여물면 다섯 개로 갈라집니다.

진달래꽃은 참꽃이라고 부릅니다. 진달래와 모양이 비슷한 철쭉은 개꽃이라고 하지요. 참꽃은 먹을 수 있지만 개꽃은 독이 있어서 먹으면 안 됩니다. 우리 어머니, 아버지들만 해도 이른 봄에 산에 올라가서 쌉쌀한 진달래꽃을 한 움큼씩 따 먹고 자란 분들이 많아요. 진달래꽃으로는 찹쌀가루와 함께 기름에 지져서 꽃전을 부쳐 먹기도 하지요. 술을 담기도 하는데 이 술을 두견주라고 부릅니다. 어린 가지와 잎은 말려서 혈압을 낮추는 약으로 쓴답니다.

분류 진달래과
잘 자라는 곳 산기슭이나 소나무 숲에서 자란다.
다른 이름 참꽃, 두견화
꽃 피는 때 4월
열매 익는 때 9월
쓰임 꽃은 날로 먹거나 술을 빚거나 전을 부친다.

질경이

1995년 9월 경기도 송추

질경이는 들판이나 마을의 길가에서 자라는 여러해살이풀입니다. 줄기는 없고 잎은 뿌리 쪽에서 돋아나 방석처럼 퍼집니다. 잎은 갸름한 달걀꼴인데 가장자리가 물결처럼 생겼지요. 여름에 잎겨드랑이에서 긴 꽃대가 몇 개 나와서 희고 자잘한 꽃들이 빽빽이 모여서 핍니다.

질경이는 이름 그대로 질긴 풀입니다. 사람이 밟고 다니는 논두렁이나 밭두렁은 말할 나위도 없고 차들이 숱하게 지나다니는 곳에서도 끈질기게 살아남습니다. 찻길에서 산다고 차전초라고 부르기도 해요. 지리산 같은 높은 산에서도 사람이 많이 지나다니는 등산로에서만 자라지요. 오히려 기름진 논밭이나 산속에서는 잘 볼 수가 없습니다.

어린 질경이는 된장에 무쳐서 나물로 먹습니다. 씨앗이나 잎은 말려 두었다가 약으로 쓰기도 하지요. 질경이 씨앗을 말린 것은 차전자라고 하여 가래를 삭이고 오줌을 잘 나오게 하는 약으로 씁니다. 어린이들은 질경이를 뿌리째 캐어 제기 대신 차고 놀기도 하지요. 질경이는 생김새도 제기와 비슷하고, 또 워낙 질겨서 하루쯤은 차고 놀아도 끄떡없습니다.

분류 질경이과
잘 자라는 곳 사람이나 차가 지나다니는 길가에서 자란다.
다른 이름 길경이, 빼뿌쟁이, 차전초, 차전자, 부이
꽃 피는 때 6~8월
열매 맺는 때 7~9월
쓰임 어린잎은 나물로 먹고, 잎이나 씨앗은 약으로 쓴다.

찔레나무

1996년 5월 경기도 문산 감악산

찔레는 산기슭이나 양지바른 개울가에서 자라는 떨기나무입니다. 가시가 많아서 찔리기 쉽다고 찔레라는 이름이 붙었대요. 들장미라고도 하지요. 찔레는 보통 높이가 2m쯤까지 자랍니다. 덩굴나무가 아닌데도 긴 줄기가 활처럼 휘어져서 덤불을 이루지요. 줄기에는 날카로운 가시가 많아요. 잎은 어긋나게 붙고 예닐곱 장의 쪽잎이 깃꼴로 모여난 겹잎이에요. 쪽잎은 달걀꼴이고 가장자리에 톱니가 있고 뒤쪽에는 잔털이 있지요. 꽃은 5~6월쯤 새로 난 가지 끝에서 여러 개가 우산살처럼 피어납니다. 하얀 꽃잎은 다섯 장씩이고 꽃잎 가운데 샛노란 수술이 가득합니다. 열매는 둥글고 검붉은빛으로 익지요.

옛날에는 어린이들이 봄철에 돋아나는 찔레 순을 꺾어 먹었어요. 찔레 순은 연하고 물기가 많은 데다가 씹으면 떨떠름하면서도 달짝지근한 맛이 나지요. 또 찔레꽃은 향기가 워낙 좋아서 꽃잎을 모아 두었다가 주머니에 넣어 차고 다니기도 했답니다. 베갯속에도 넣지요. 찔레 열매는 말려서 열을 내리는 약으로 씁니다. 요즘에는 산울타리로 심거나 뜰에도 많이 심어 기릅니다.

열매

분류 장미과
잘 자라는 곳 산기슭이나 개울가에서 저절로 자란다.
다른 이름 들장미, 질위나무, 찔룩나무, 새비나무
꽃 피는 때 5~6월
열매 익는 때 9~10월
쓰임 열매를 약으로 쓴다.

참나무

갈참나무 1996년 9월 충북 수안보

참나무는 양지바른 산에서 자라는 큰키나무입니다. 보통 도토리가 열리는 나무를 두루 참나무라고 부르지요. 참나무 가운데는 상수리나무, 졸참나무, 신갈나무, 떡갈나무, 굴참나무, 갈참나무가 있어요. 옆에 있는 그림은 갈참나무입니다.

갈참나무는 높이가 25m쯤 되고 나무껍질이 그물처럼 얇게 갈라집니다. 잎은 어긋나게 붙고 긴 타원꼴이고 가장자리에는 물결처럼 생긴 톱니가 있습니다. 잎의 앞쪽은 진한 초록색이고 반질반질한데, 뒤쪽은 쥐색이 도는 흰색이고 잎맥에 잔털이 나 있지요. 잔털은 곧 떨어집니다. 5월에 노란 수꽃이 아래로 늘어져 피어요. 동그스름한 연두색 열매는 10월에 익는데 밤색으로 바뀌지요. 도토리는 종지 같은 깍정이에 싸여 있고 끝이 뾰족하게 생겼습니다.

다 여문 도토리는 떫은맛이 나지만 녹말이 많이 들어 있어 묵이나 국수를 만들어 먹습니다. 굴참나무는 껍질이 두껍고 거칠어서 너와집 지붕을 이었지요. 요즘은 이 껍질로 병뚜껑을 만들어요. 나무로는 집을 짓거나 가구를 만들거나 펄프의 재료로 쓰기도 하지요. 참나무로 만든 숯은 참숯이라고 하는데 고기나 생선을 구울 때 쓰지요. 참나무는 잘라서 표고버섯을 심어 기릅니다. 나무껍질은 옷감을 물들이는 데 쓰지요. 서양에서는 참나무를 오크라고 부르는데 가구나 술통을 만들어 썼대요.

분류 참나무과
잘 자라는 곳 산에서 저절로 자란다.
다른 이름 도토리나무, 꿀밤나무
꽃 피는 때 5월
따는 때 9~10월
쓰임 열매는 먹고 나무는 집을 짓거나 가구를 짠다. 버섯도 기른다.

칡

1996년 8월 강원도 춘천

칡은 산기슭이나 들판의 양지바른 곳에서 자라는 덩굴나무입니다. 햇빛이 잘 드는 곳이면 메마른 땅에서도 금방 덩굴을 뻗지요. 칡은 길게 자라면 덩굴이 10m가 넘게 뻗어 갑니다. 덩굴줄기는 땅 위로 자라거나 다른 나무를 감고 기어 올라가지요. 줄기에는 거친 밤색 털이 덮여 있지요. 잎은 어긋나게 붙는데 잎자루가 긴 쪽잎이 세 장씩 모인 겹잎이에요. 쪽잎은 끝이 뾰족한 넓은 타원꼴이고 뒤에는 잔털이 나 있지요. 7~8월쯤 잎겨드랑이에서 꽃대가 나오고 연보라색 꽃이 모여서 핍니다. 열매는 다른 콩과 식물처럼 꼬투리 열매예요.

칡은 어디에서나 볼 수 있는 흔한 식물이지만 쓰임새는 무척 많아요. 특히 칡뿌리를 한약방에서 갈근이라고 부르는데, 이것은 술을 많이 먹고 탈이 난 사람에게 좋습니다. 또 즙을 짜서 마시기도 하지요. 칡뿌리에는 녹말이 많아서 칡가루를 내어 국수를 만들고 엿을 고아 먹어요. 어린순은 나물로 먹고 잎이나 꽃은 술도 담지요.

칡덩굴은 질겨서 새끼줄 대신 썼어요. 껍질을 벗겨서 노끈을 꼬아 쓰기도 하고 광주리나 바구니를 엮어 쓰기도 해요. 껍질로는 옷감도 짜는데 이 옷을 갈옷이라고 불렀어요. 요즘 갈포지라고 부르는 벽지도 칡으로 만들었답니다.

열매

분류 콩과
잘 자라는 곳 산이나 들에서 저절로 자란다.
다른 이름 칡기, 츨, 칡덩굴
꽃 피는 때 7~8월
열매 익는 때 10월
쓰임 뿌리는 약으로 쓰고, 줄기는 밧줄로 쓰고, 껍질은 옷을 만든다.

토끼풀

1997년 7월 경기도 파주

토끼풀은 낮은 산이나 들판에서 저절로 나는 여러해살이풀입니다. 본디 유럽에서 저절로 자라던 것인데 가축 먹이로 들여와서 온 나라에 자리를 잡았지요. 우리나라에서 자라기 시작한 지는 한 백 년쯤 된대요. 이렇게 다른 나라에서 들어와서 자리를 잡고 살아가는 식물을 귀화식물이라고 해요.

토끼풀은 줄기가 비스듬히 땅 위를 기면서 가지를 치지요. 잎은 어긋나게 붙고 잎자루가 길며 세 장의 쪽잎으로 된 겹잎이에요. 어쩌다가 쪽잎이 네 장인 것이 있을 수도 있는데 흔하지는 않아요. 5~8월쯤 잎겨드랑이에서 기다란 꽃대가 나와서 흰색 꽃을 피우지요. 우리가 토끼풀 꽃이라고 하는 꽃 한 송이는 알고 보면 수십 송이의 꽃이 모여서 이루어진 것이에요. 자잘한 꽃 하나하나는 나비처럼 생겼고 동그랗게 한자리에 모여서 피어납니다. 열매는 좁고 긴 꼬투리 열매이고 꼬투리 속에는 씨앗이 3~6개가 들어 있지요.

토끼풀은 워낙 잘 퍼지고 생명력이 질겨서 밭이나 잔디밭에 한번 들어오면 없애기가 무척 힘이 들어요. 그러나 메마른 땅을 기름지게 해 주기도 하고 집짐승들이 아주 좋아하기 때문에 쓸모가 있습니다. 토끼가 좋아한다고 토끼풀이라고 하지만 소도 아주 잘 먹어요. 꽃반지나 꽃팔찌도 만들 수 있지요.

분류 콩과
잘 자라는 곳 산이나 들판에서 저절로 자란다.
다른 이름 클로버
꽃 피는 때 5~8월
열매 익는 때 가을
쓰임 집짐승을 먹인다.

패랭이꽃

1995년 8월 강원도 춘천

패랭이꽃은 산과 들판의 풀밭에서 자라는 여러해살이풀입니다. 보통 어린이들이 뛰어놀기 좋은 나지막한 산에서 많이 보이지요. 무리 지어 자라기 때문에 꽃이 피면 무척 아름다워요. 패랭이꽃이라는 이름은 꽃 모습이 패랭이를 닮았다고 붙은 이름이지요. 패랭이는 옛날 사람들이 쓰던 모자 가운데 하나인데 대나무를 성글게 엮어서 만든 것이랍니다. 패랭이꽃은 들꽃 가운데서도 꽃색이 또렷하고 꽃송이가 꽤 큼직합니다. 그래서 여름 들판에 패랭이꽃이 붉게 피어나면 그 둘레가 환해지는 듯합니다.

　　패랭이꽃은 줄기가 곧게 자라고 높이는 50cm쯤 되지요. 잎은 마주나고 버들잎꼴이지요. 7~8월에 줄기 끝에서 꽃대가 나옵니다. 그리고 그 끝에 붉은보라색 꽃이 한 송이에서 세 송이까지 피어요. 꽃잎은 다섯 장이고 꽃이 지고 나면 둥근 기둥처럼 생긴 열매가 맺습니다.

　　패랭이꽃은 그늘에 말려서 오줌내기 약으로 씁니다. 요즘은 꽃을 보려고 꽃밭에 심어 기르기도 합니다. 패랭이꽃은 카네이션과 꽃 모습이 닮았지요. 그래서 패랭이꽃을 많이 길러서 어버이날에 카네이션 대신 달아 드리자고 하는 사람들도 있습니다.

분류 석죽과
잘 자라는 곳 양지바른 산이나 들판에서 자란다.
꽃 피는 때 7~8월
열매 익는 때 가을
쓰임 약으로 쓴다. 꽃을 보려고 심어 기르기도 한다.

플라타너스(버즘나무)

양버즘나무 1997년 9월 강원도 원주

플라타너스는 가로수로 널리 심어 기르는 큰키나무입니다. 서울 시내에서 자라는 가로수 가운데 절반쯤은 이 나무라고 하지요. 나무껍질이 얼룩얼룩하고 허옇게 벗겨져서 버짐이 핀 것 같다고 버즘나무라고도 합니다. 가을에 익는 열매가 방울 같다고 방울나무라고 부르기도 하지요. 플라타너스라는 이름에는 잎이 넓다는 뜻이 숨어 있대요.

우리가 두루 플라타너스라고 부르는 나무에는 세 가지 종류가 있습니다. 버즘나무, 양버즘나무, 단풍버즘나무예요. 그 가운데서도 양버즘나무가 가장 많은데 이 나무는 90년쯤 전부터 우리나라에서 심기 시작했대요. 높이는 40~50m까지 크게 자라지요. 잎은 어긋나게 붙는데 넓적한 손바닥처럼 생겼고 잎자루가 길어요. 5월쯤 연두색 암꽃과 붉은 수꽃이 한 나무에서 핍니다. 열매는 10월쯤 익는데 둥근 방울 모양이고 아주 단단하지요.

플라타너스는 추위에 강하고 메마른 땅에서도 잘 자라요. 벌레도 안 꼬이지요. 또 공해에도 잘 견딜 뿐 아니라 공기 속에 들어 있는 오염 물질을 많이 빨아들이기 때문에 대도시 가로수로 많이 심습니다. 게다가 자라는 속도가 빨라서 도시를 푸르게 가꾸어 주지요. 플라타너스는 빨리 자라면 1년에 2m까지도 자란대요.

분류 버즘나무과
잘 자라는 곳 학교 운동장이나 길가에 심어 기른다.
다른 이름 버즘나무, 방울나무, 양방울나무
꽃 피는 때 5월
열매 익는 때 10월
쓰임 가로수로 많이 심는다.

할미꽃

1997년 5월 경기도 파주

할미꽃은 낮은 산과 들에서 자라는 여러해살이풀입니다. 햇빛이 잘 들고 물기가 적은 곳을 좋아하지요. 그래서 나무가 많은 깊은 산보다는 강가나 산비탈에 많이 핍니다. 특히 무덤가에서 많이 자라지요.

할미꽃은 흑갈색의 굵은 뿌리로 겨울을 보내고 이른 봄이 오면 뿌리에서 잎이 뭉쳐나기 시작하지요. 잎은 보송보송하고 긴 털로 덮여 있고 깃꼴로 갈라져 있습니다. 4월에 뿌리에서 꽃봉오리를 단 줄기가 올라와서 고개를 숙이고 있다가 종처럼 생긴 붉은 보라색 꽃이 피어납니다. 꽃잎 바깥쪽에도 흰 털이 나 있지요. 꽃잎 안에는 무척 많은 노란 수술이 들어 있고 한가운데는 많은 암술이 모여 있습니다. 암술대는 가루받이가 끝난 뒤에도 줄곧 자라서 할머니의 흰 머리카락처럼 늘어집니다. 이런 모습 때문에 할미꽃이라는 이름이 붙었지요. 머리가 흰 노인 같다고 백두옹이라고 부르기도 한대요. 6월쯤 씨앗이 맺으면 이 털을 이용하여 바람을 타고 멀리까지 날아가지요.

꽃잎이나 뿌리는 배탈 설사에 약으로 쓰는데 독이 있어서 잘못 먹으면 큰일 납니다. 할미꽃 뿌리를 찧어서 재래식 화장실에 넣어 두면 구더기가 생기지 않을 정도로 독하니까요.

분류 미나리아재비과
잘 자라는 곳 양지바른 산기슭에서 자란다.
다른 이름 할미씨까비, 주리꽃, 백두옹
꽃 피는 때 4~5월
열매 맺는 때 5~6월
쓰임 뿌리를 약으로 쓴다. 꽃을 보려고 심기도 한다.

향나무

1997년 3월 강원도 원주

향나무는 섬이나 바닷가에서 저절로 자라거나 심어 기르는 바늘잎나무입니다. 나무에서 좋은 향기가 난다고 향나무라는 이름이 붙었지요. 어린 나무는 고깔처럼 생겼지만 자라면서 줄기가 비틀어지고 구부러지는 것이 많습니다. 어린 가지는 연두색이지만 차츰 붉은 갈색으로 바뀌었다가 흑갈색으로 바뀝니다. 15년쯤 지나면 나무껍질이 세로로 터지고 얇게 벗겨지지요. 잎은 두 가지가 있어요. 어린 나뭇가지에는 끝이 바늘처럼 뾰족한 잎이 달려 있는데 만져 보면 따갑지요. 그러나 5년쯤 지난 가지에는 작고 얇은 잎들이 비늘처럼 포개져서 달리는데 만져 보면 부드럽습니다. 4월쯤 꽃이 피는데 두드러진 꽃잎이 없어서인지 꽃인지 모르는 수도 많아요. 암꽃과 수꽃이 다른 나무에 피기도 하고 같은 나무에 피기도 하지요. 암꽃은 둥글고 수꽃은 길쭉합니다. 동그란 초록색 열매는 이듬해에 익어서 조각조각 벌어지지요.

향나무는 제사에 쓰는 향을 만들어요. 향나무 목재는 냄새가 좋고 결이 곧으며 단단해서 쓰임새가 많습니다. 스님들이 쓰는 밥그릇이나 수저를 향나무로 만들지요. 향나무 궤짝은 벌레가 잘 안 생겨서 옷이나 책을 넣어 두기에 좋아요. 마당에 심어 두면 향내 때문에 모기도 쫓을 수 있지요.

분류 측백나무과
잘 자라는 곳 저절로 나거나 공원이나 뜰에 심어 기른다.
종류 향나무, 뚝향나무, 눈향나무, 둥근향나무
꽃 피는 때 4월
열매 익는 때 이듬해 9~10월
쓰임 향이나 그릇, 가구를 만든다.

둥근향나무 1997년 2월 충북 청원

물에서 사는 식물

물풀이 사는 곳

물가에서 사는 식물

땅 위 못지않게 물속에도 많은 식물들이 살아가고 있어요. 물풀은 저수지나 연못, 논이나 늪처럼 물이 고인 곳에서도 살고 도랑이나 시냇물처럼 물이 계속 흐르는 곳에서도 살아가지요.

물풀은 살아가는 모습에 따라 크게 몇 가지로 나누어요. 우선 얕은 물에서 뿌리를 물 바닥 흙속에 단단히 뻗고 줄기가 물 위로 높이 솟아서 자라는 물풀이 있어요. 줄이나 부들이나 창포 같은 식물이 그렇지요. 이런 물풀들은 바람이 불거나 물이 흘러도 떠내려 가지 않습니다.

잎과 꽃을 물 위에 띄우는 식물

깊은 물에서 뿌리를 물 밑의 땅에 뻗고 잎과 꽃을 물 위에 띄우는 물풀도 있습니다. 수련이나 마름, 가래 따위는 잎을 물 위에 띄우고 살지요.

깊은 물속에 잠겨서 사는 식물

또 깊은 물에서 살면서 온몸이 물속에 잠긴 채 살아가는

검정말

마름

물풀도 있지요. 검정말이나 붕어마름 따위가 그렇지요. 이런 물풀들은 물속에 비친 햇빛으로 양분을 만들고 산소를 물속으로 내뱉습니다.

물 위에 떠서 사는 식물

물의 깊이와 상관없이 뿌리와 잎을 물 위에 둥둥 띄우고 사는 물풀도 있어요. 생이가래, 개구리밥, 부레옥잠 따위가 그렇지요. 이런 물풀들은 뿌리가 땅에 닿지 않기 때문에 물에서 양분을 빨아들여요. 또 꼿꼿이 서지 않아도 물에 떠서 햇빛을 받을 수 있으므로 줄기가 없거나 약합니다.

물풀은 좋은 일을 많이 해요. 물풀이 만들어 낸 산소 덕분에 물고기나 물속 곤충들이 숨을 쉬고 살 수 있지요. 물풀이 사는 곳에는 온갖 곤충과 물고기, 물새 들이 모여 살아요. 물풀이 많은 곳은 먹이도 많고 알이나 새끼를 숨기기에도 좋기 때문이지요.

또 부레옥잠 같은 물풀은 물속에 지나치게 많이 들어 있는 양분을 빨아들여 물을 깨끗하게 해 준답니다.

개구리밥

부레옥잠

갈대

1997년 9월 경북 상주

갈대는 늪이나 강변, 개펄이나 개울가처럼 축축한 땅에서 무리 지어 자라는 여러해살이풀입니다. 을숙도같이 강물과 바닷물이 섞이는 습지에서도 자라지요. 뿌리줄기가 땅속에서 옆으로 길게 뻗는 특징이 있고, 기는줄기 마디에서 수염뿌리가 내립니다. 줄기는 곧게 자라는데 다 자라면 키가 2~3m에 이릅니다. 줄기는 단단하고 속이 빈 둥근기둥 모양입니다. 잎은 어긋나게 붙고 넓은 끈같이 생겼으며 만지면 털이 없는데도 까칠까칠합니다. 초여름에 줄기 끝에 고깔 모양의 밤색 꽃이삭이 생기지요.

억새를 갈대로 잘못 알기 쉬운데 억새와 갈대는 언뜻 보면 비슷하지만 자세히 보면 여러모로 다릅니다. 우선 자라는 곳이 다릅니다. 갈대는 물기가 많은 곳을 좋아하지만 억새는 언덕이나 숲 가장자리의 마른 땅에서 자라지요. 또 억샛잎은 잎가장자리가 날카로운 톱니처럼 되어 있어서 살짝 스쳐도 손을 베는데, 갈댓잎은 그렇지 않습니다. 하지만 뭐니 뭐니 해도 뚜렷이 다른 점은 이삭의 모양과 색깔입니다. 갈대 이삭은 퍼져 있고 밤색인데 억새 이삭은 한데 모여서 나고 흰색이에요.

갈대는 쓰임새가 많습니다. 어린싹은 반찬으로 먹고, 줄기는 발이나 갈자리를 엮거나 지붕을 이었습니다. 이삭으로는 방을 쓰는 비를 엮고, 어린잎은 가축의 먹이로 씁니다. 또 뿌리와 꽃은 허파를 튼튼하게 하는 약으로 씁니다.

분류 벼과
잘 자라는 곳 바닷가나 강가에서 저절로 자란다.
다른 이름 갈, 갈풀, 갈삐럭이, 가부, 노초
꽃 피는 때 가을
씨 여무는 때 늦가을
특징 줄기 속은 비어 있고, 잎맥은 나란히맥이다.

개구리밥

1997년 6월 경북 상주

개구리밥은 논이나 늪같이 흐름이 느린 맑은 물에 둥둥 떠서 사는 여러해살이풀입니다. 개구리가 사는 곳에 많다고 개구리밥이라는 이름이 붙었습니다. 늪이나 논의 물꼬 가까이에서 동동 떠 있는 손톱만 한 풀잎들이 바로 개구리밥입니다. 늦가을에 아주 작은 겨울눈이 몸에서 떨어져 물 밑에 가라앉아서 겨울을 나고, 이듬해 봄에 물 위로 떠올라 번식을 한대요. 그런데 겨울눈은 매우 작아서 눈으로 보기는 힘들어요.

개구리밥은 잎의 아래쪽에 실처럼 생긴 가는 뿌리가 몇 가닥 내립니다. 개구리밥의 뿌리는 땅에 닿지 않고 물속으로 늘어져 있어요. 그러다 보니 바람이 불면 물 위를 떠돌아다니게 되지요. 개구리밥을 부평초라고도 부르는 까닭은 이런 특징 때문입니다. 잎은 달걀처럼 동그스름하게 생겼고 가장자리가 맨질맨질합니다.

날씨가 더워질수록 논에는 개구리밥이 빽빽이 들어찹니다. 개구리밥은 꽃을 피우고 씨를 맺어 자손을 늘리기도 하지만, 물에 떠 있는 작은 잎에서 새 잎을 만들어 자손을 퍼뜨릴 때가 더 많습니다. 개구리밥과 비슷한 좀개구리밥도 이런 방법으로 자손을 늘려 갑니다. 개구리밥은 말려서 열을 내리는 약으로도 쓰지요.

분류 개구리밥과
잘 자라는 곳 논이나 늪, 도랑에서 자란다.
다른 이름 머구리밥, 부평초
꽃 피는 때 7~8월
쓰임 약으로 쓴다.

검정말

1997년 9월 경북 예천

검정말은 늪이나 연못의 물속에 잠겨서 자라는 여러해살이 물풀입니다. 대개 무리 지어 자라고 씨눈으로 겨울을 납니다. 검정말은 고인 물이나 흐르는 물 밑에 단단히 뿌리를 뻗고, 흐늘흐늘한 줄기와 잎을 물의 흐름이나 흔들거림에 맡긴 채 살아갑니다. 암수딴그루 식물인데 여름부터 가을 사이에 작은 꽃이 물 위에 떠서 핍니다. 암꽃이 잎겨드랑이에 생기면 씨방의 윗부분이 길게 자라 암술머리가 물 위에 뜹니다. 수꽃도 잎겨드랑이에 생기는데 꽃가루가 여물면 꽃이 꽃대에서 떨어져 물결을 따라 둥둥 떠다니다가 암술머리에 닿아 가루받이가 이루어집니다. 물의 도움으로 가루받이를 하는 셈이지요. 그런데 검정말은 가루받이를 하지 않고 무리를 늘려 가기도 합니다. 줄기가 잘라져 몸에서 떨어져 나가면 물 밑으로 가라앉아 뿌리를 내리고 자라나지요.

검정말처럼 물속에 잠겨서 사는 물풀들은 대개 몸이 약하고 뿌리가 덜 발달했습니다. 그래야 물의 압력을 덜 받고 흐름을 잘 탈 수 있기 때문이지요. 붕어마름이나 나사말, 통발, 물수세미, 물질경이 따위의 물풀들이 이처럼 물속에 잠겨서 살고 있는 물풀들입니다.

분류 자라풀과
잘 자라는 곳 늪이나 시냇물에서 자란다.
꽃 피는 때 8~9월
열매 맺는 때 9~10월

나사말

나사말은 깨끗한 물이 줄곧 흐르는 도랑이나 개울에서 물속에 잠겨 자라는 여러해살이 물풀입니다. 땅속줄기는 물 밑의 흙속에 뻗고 마디에서 수염뿌리가 내립니다. 잎은 땅속줄기의 마디에서 모여납니다. 잎은 줄처럼 얇고 긴 모양인데 보통 50cm 정도 되지요. 잎의 길이는 물의 깊이나 흐름에 따라 다릅니다. 나사말의 잎은 매우 부드럽지만 물살에 끊어지거나 찢기는 일은 거의 없습니다. 암수딴그루 식물이고 여름부터 가을 사이에 꽃이 피지요.

그런데 꽃이 피고 가루받이를 하는 과정이 참 재미있습니다. 나사말은 암꽃과 수꽃이 피는 모습이 다릅니다. 암꽃은 긴 꽃대가 물 위로 높게 자라서 꽃을 피우지요. 그러나 수꽃은 주머니 속에 많은 수꽃을 간직한 채 물속에 잠겨 있습니다. 수꽃이 익으면 주머니가 터지고 여기에서 수많은 수꽃이 흩어져서 물 위에 떠오릅니다. 그러면 물결을 타고 꽃가루가 암꽃 쪽으로 떠내려가지요. 물의 도움으로 가루받이를 하는 셈입니다. 가루받이가 끝나면 암꽃의 꽃대는 나사처럼 꼬여서 물 밑으로 가라앉아 열매를 맺습니다. 나사말이라는 이름은 꼬인 꽃대 모양 때문에 생겨났지요. 물속에 가라앉은 나사말은 끈처럼 생긴 열매를 맺습니다.

분류 자라풀과
잘 자라는 곳 연못이나 깨끗한 물이 흐르는 개울에서 자란다.
꽃 피는 때 8~9월
열매 맺는 때 9~10월

마름

1997년 6월 경북 예천

마름은 깊은 연못이나 물웅덩이 속에서 자라는 한해살이 물풀입니다. 잎은 세모꼴이고 윗면이 반질반질한데 여러 장이 줄기 끝에 모여납니다. 잎들은 서로 겹치지 않고 물 위에 고르게 펴져 있습니다. 자세히 보면 잎자루가 볼록하게 부풀어 있고 만져 보면 말랑말랑합니다. 이것은 공기주머니이지요. 공기주머니 안에는 공기가 가득 들어 있어요. 마름은 이 공기주머니의 도움으로 잎을 물 위에 띄웁니다.

마름의 줄기는 노끈처럼 가늘고 마디마다 두세 가닥씩 가는 뿌리가 붙어 있습니다. 줄기는 물 깊이에 따라서 길이가 달라집니다. 물이 얕을 때는 줄기도 짧다가 비가 와서 물이 깊어지면 하루이틀 사이에 갑자기 마디 사이가 늘어집니다. 그러면 줄기 전체가 길어져서 잎이 곧 물에 뜨게 되지요. 7~8월에 잎겨드랑이에서 꽃대가 나와서 그 끝에 작은 흰 꽃이 핍니다. 꽃이 지면 납작한 세모꼴 열매가 맺힙니다. 열매가 자라면서 소뿔처럼 억세고 날카로운 가시가 돋아납니다. 열매가 다 여물면 속살이 꼭 밤처럼 고소하고 맛있습니다. 가을에 열매는 물속에 떨어져 진흙에 묻힙니다. 이듬해 봄이 와서 물이 따뜻해지면 이 열매에서 다시 싹이 트지요.

분류 마름과
잘 자라는 곳 연못이나 늪에서 자란다.
꽃 피는 때 7~8월
씨 여무는 때 가을
쓰임 열매를 먹거나 약으로 쓴다.

물수세미

이삭물수세미

물수세미는 깊은 연못이나 늪에서 자라는 여러해살이 물풀입니다. 물수세미는 잔잔한 물 밑의 흙속에 뿌리를 단단히 뻗고 자랍니다. 줄기는 노끈처럼 가늘고 연해서 물 밖으로 꺼내면 축 늘어집니다. 높이 50cm 정도까지 자라지요. 물에 떠서 살아가는 마름이나 수련과 달리 물에 잠겨서 물결치는 대로 흔들거리면서 살아갑니다. 잎은 줄기에 있는 마디에서 서너 가닥씩 돌려나는데 빗살처럼 가늘게 갈라져 있지요. 8월에는 줄기 끝이 물 위로 조금 나옵니다. 그러면 잎겨드랑이에서 연노란색 작은 꽃이 모여서 핍니다. 하지만 워낙 작고 볼품이 없어서 눈여겨보지 않으면 잘 안 보입니다.

물수세미와 같은 물풀들은 물을 깨끗하게 해 줍니다. 물속에 녹아 있는 이산화탄소를 빨아들이는 대신에 산소를 뿜어내니까요. 그래서 물고기를 기를 때 어항 속에 넣어 주면 물고기가 잘 자랍니다. 또 보기에도 좋지만 어항이 깨끗해져서 오랫동안 물을 안 갈아 주어도 되지요. 물수세미와 비슷한 물풀로는 이삭물수세미라는 풀이 있습니다. 이삭물수세미는 물수세미와 여러모로 비슷하지만 꽃이 피는 모양이 조금 다릅니다. 이삭물수세미는 줄기 끝에 피는 꽃이 이삭꽃이라고 해서 붙은 이름이지요.

분류 개미탑과
잘 자라는 곳 깊은 연못이나 늪에서 자란다.
꽃 피는 때 8월
씨 여무는 때 가을
쓰임 어항 속에 넣는다.

방동사니

1997년 9월 경북 예천

방동사니는 축축한 논이나 밭, 연못가에서 자라는 한해살이풀입니다. 농사꾼들은 방동사니를 좋아하지 않아요. 논에서 살면서 벼에게 그늘을 지우고 양분을 빼앗아 먹으며 벼가 자라는 것을 방해하니까요. 또 냄새가 좋지 않아서 소나 염소도 잘 안 먹습니다. 종류도 무척 많아서 드렁방동사니, 금방동사니, 쇠방동사니, 병아리방동사니, 나도방동사니, 알방동사니 따위가 모두 방동사니와 같은 무리예요. 모두 논에서 사는 잡초랍니다. 이 방동사니 무리들은 모두 번식력이 강하고 농약에도 잘 견디지요.

방동사니는 몸이 포기로 자라고 뿌리는 다른 외떡잎식물처럼 수염뿌리입니다. 줄기는 대개 50cm쯤 자라는데 납작하고 세모진 모양에 겉은 반반하지요. 잎은 칼같이 길고 끝이 뾰족합니다. 여름철에 줄기 끝에서 여러 갈래의 꽃대가 나와서 우산살처럼 펴지고 그 끝에 꽃이 피어납니다. 왕골과 비슷하게 생겼지만 키가 훨씬 작아요. 그런데 왕골은 돗자리를 짜기 때문에 쓸모가 많지만 방동사니는 쓸모가 없습니다. 그래서 왕골은 미나리꽝 같은 곳에 일부러 심어 기르지만 방동사니는 보일 때마다 뽑아내지요. 방동사니를 개왕골이라고 부르는 곳도 있어요.

분류 사초과
잘 자라는 곳 논이나 물기 많은 곳에서 자란다.
다른 이름 개왕골, 방동산
꽃 피는 때 7~9월
열매 익는 때 9월

방동사니 이삭

부들

1997년 10월 경북 예천

부들은 연못가나 개울가, 늪가처럼 물기가 많은 곳에서 자라는 여러해살이 풀입니다. 가루받이를 할 때 부들부들 떠는 성질이 있어서 부들이라는 이름이 붙었대요. 부들은 창포나 갈대처럼 몸이 물 위로 높이 솟아서 자라납니다. 이런 식물은 뿌리를 땅속에 단단히 박고 살기 때문에 물 깊이가 1m를 넘으면 살지 못해요. 부들은 뿌리줄기가 땅속에서 옆으로 뻗고 흰 수염뿌리가 많이 내립니다. 둥근기둥처럼 생긴 줄기는 곧게 자라고 2m가 넘도록 자라는 것도 있습니다. 잎은 어긋나게 붙고 도톰하고 좁은 끈처럼 생겼습니다. 여름에 줄기 끝에서 방망이처럼 생긴 누런 꽃이삭이 피어나요. 꽃이 지고 씨앗이 여물면 꽃이삭은 갈색 솜방망이처럼 부풀어 올라서 바람이 불면 씨앗을 멀리 날려 보내지요.

　부들이 많이 나는 갯가에서는 옛날부터 부들로 자리나 방석이나 거적을 많이 엮었어요. 부들로 맨 돗자리를 부들기직, 부들자리 또는 늘자리라고 불렀어요. 옛날에는 종이 장판이 귀해서 돗자리가 장판 노릇을 했으니까 부들로 장판을 깐 셈이지요. 또 비 올 때 입는 도롱이를 엮기도 하고 삿갓이나 부채를 만들기도 했대요. 부들의 꽃가루는 피를 멎게 하는 약으로 씁니다. 한약방에서는 부들의 꽃가루를 포황이라고 부르지요.

분류 부들과
잘 자라는 곳 개울가나 연못가에서 자란다.
다른 이름 잘포, 향포, 포채
꽃 피는 때 7월
열매 익는 때 10월
쓰임 꽃가루를 약으로 쓴다. 줄기로 발이나 자리를 짠다.

부레옥잠

1997년 7월 경북 상주

부레옥잠은 연못이나 어항에 심어 기르는 여러해살이 물풀입니다. 열대 아마존이 원산지인데 지금은 세계 여러 나라에서 길러요. 여름에 피는 자주색 꽃이 아주 아름답고 물도 깨끗하게 해 주기 때문에 우리나라에서도 널리 기르고 있어요. 본디 여러해살이풀이지만 우리나라에서는 추위를 견디지 못해서 한 해밖에 살지 못하지요.

높이는 30cm 안팎이고 밑에서 잔뿌리가 많이 돋습니다. 잎이 많이 달리는데 잎자루가 길고 동그스름한 생김새에 만지면 매끄러워요. 7~9월에 연한 자주색 꽃이 피고 9월에 열매가 익습니다.

부레옥잠은 몸이 물에 떠 있는 모습이 무척 색다릅니다. 부레옥잠의 잎자루 아랫부분은 풍선처럼 부풀어 있습니다. 이것을 손으로 눌러 보면 스펀지 같기도 하고 빵 같기도 한데 물컹물컹하여 공기가 들어 있다는 것을 알 수 있지요. 또 부레옥잠의 뿌리는 수염처럼 많은 잔가지가 나서 무거운 추 노릇을 해 줍니다. 그래서 부레옥잠은 물에 뜨면서도 옆으로 기울어지거나 넘어지는 일이 없이 곧게 서 있을 수 있어요. 공기주머니가 물고기의 부레와 같은 구실을 한다고 이름도 부레옥잠이라고 붙였지요.

분류 물옥잠과
잘 자라는 곳 연못이나 어항에 심어 기른다.
다른 이름 혹옥잠, 풍선란, 수부연
꽃 피는 때 7~9월
열매 익는 때 9월
쓰임 어항에 넣어 기른다.

붕어마름

1997년 9월 경북 예천

붕어마름은 연못이나 시냇물에 잠겨 사는 여러해살이 물풀입니다. 진짜 뿌리는 없고 가지가 변하여 뿌리 시늉을 하는 헛뿌리를 땅에 박고 살아가지요. 줄기는 가늘고 길며 가지를 칩니다. 잎은 줄기의 마디에서 열 개쯤 돌려 붙는데 철사처럼 딱딱하고 가장자리에 가시 같은 톱니가 있어요. 색깔은 보통 풀색이지만 밤색을 띠는 것도 있지요. 7~8월에 잎겨드랑이에서 꽃잎이 없는 작고 붉은 꽃이 한 송이씩 핍니다. 암수한그루 식물이고 물의 도움으로 가루받이를 하지요. 수꽃이 피어서 꽃가루가 익으면 꽃대가 떨어집니다. 그러면 꽃대에 붙어 있는 수꽃이 꽃가루를 가지고 물결을 따라 이리저리 떠다닙니다. 그러다가 암꽃의 암술머리에 닿아서 가루받이가 이루어지지요.

　붕어마름같이 물속에 잠겨서 사는 물풀들은 대개 뿌리가 약합니다. 통발처럼 아예 뿌리가 없는 것도 있어요. 그래서 이런 물풀들은 줄기나 잎으로 바로 양분을 빨아들이지요. 붕어마름의 줄기를 얇게 잘라 보면 줄기 속에 빈틈이 많고 아주 엉성합니다. 붕어마름은 이 빈틈으로 물에 녹아 있는 공기와 양분을 직접 빨아들여요. 붕어마름은 물에 녹아 있는 이산화탄소를 재료로 삼아서 양분을 만들고 산소를 밖으로 내보냅니다. 그래서 물을 깨끗하게 해 주지요.

분류 붕어마름과
잘 자라는 곳 깨끗하고 깊은 연못이나 도랑, 시냇물 속에서 자란다.
다른 이름 붕어풀, 붕어말
꽃 피는 때 7~8월
열매 익는 때 10월
쓰임 어항에 넣어 기른다.

수련

1997년 7월 경북 상주

수련은 꽃을 보려고 연못이나 호수에 심어 기르는 여러해살이 물풀입니다. 북반구 온대 지방에서 널리 자라는데 우리나라에서는 심어 기르고 있어요. 낮에 꽃이 핀다고 자오연이라고도 하지요. 뿌리줄기는 짧고 굵으며 수염뿌리가 많이 납니다. 잎은 뿌리에서 무더기로 모여나는데 잎자루가 길지요. 잎자루는 물의 깊이에 따라 길이가 달라집니다. 잎은 말발굽처럼 생겼고 물 위에 떠서 넓게 펼치고 있어요. 잎의 앞쪽은 밝은 초록색이고 물방울이 또르르 굴러갈 정도로 매끄럽고 윤이 납니다. 6~8월에 가늘고 긴 꽃대가 나와서 그 끝에 한 송이씩 꽃이 피어요. 꽃잎은 여러 장이고 희거나 연한 자주색입니다.

꽃은 삼사 일 동안 피었다가 지는데 아침 햇살이 비칠 때 피었다가 저녁 무렵이면 꽃잎을 오므리지요. 이런 모습을 보고 수련이라는 이름을 붙였대요. 수련은 '잠자는 연꽃'이라는 뜻이에요. 꽃이 질 때는 서른 장도 넘는 꽃잎을 꽃봉오리 모양으로 오므린 채로 며칠을 지낸 다음 물 밑으로 가라앉습니다. 이렇게 꽃이 아름다워서인지 다른 나라에서는 '물속의 여왕'이나 '물속의 백합', '물속의 장미'라고 부르기도 한대요. 이집트에서는 나라꽃으로 정해서 아낀답니다.

분류 수련과
잘 자라는 곳 연못이나 호수에 심어 기른다.
다른 이름 자오연
꽃 피는 때 6~8월 한낮
열매 익는 때 9월
쓰임 꽃을 보려고 연못에 심는다.

여뀌

큰개여뀌 1997년 8월 경북 예천

여뀌는 냇가나 도랑가처럼 물기 있는 곳에서 자라는 한해살이풀입니다. 줄기는 무더기로 나는데 아래쪽은 눕고 위쪽은 곧게 자라지요. 높이는 40~80cm쯤 되고 털이 없으며 가지가 많이 갈라집니다. 잎은 어긋나게 붙고 버들잎처럼 갸름하고 끝이 뾰족해요. 6~9월에 연분홍색이나 연보라색 꽃이삭이 열립니다. 암갈색 열매는 세모꼴이고 꼬투리에 싸여 있지요.

여뀌잎을 씹어 보면 신맛과 매운맛이 함께 우러나 혀가 얼얼해집니다. 꽤 독하다는 것을 알 수 있지요. 여뀌를 짓찧어서 개울물에 풀면 물고기들이 독에 취해서 떠올라요. 그래서 여뀌를 독풀이나 어독초라고도 부릅니다. 하지만 사람에게 큰 해를 입힐 정도로 독한 것은 아니에요. 어린잎은 먹기도 하니까요. 일본 사람들은 신맛을 내는 양념으로 쓰기도 한대요. 잎과 줄기는 피를 멎게 하거나 혈압을 내리는 약으로 쓰지요. 벌레한테 물렸을 때도 여뀌를 찧어서 즙을 바르면 부기가 빠지고 가려움도 덜해지지요.

여뀌와 같은 무리의 식물은 세계에 8백 종이 넘게 알려져 있습니다. 우리나라에서는 큰개여뀌, 털여뀌, 기생여뀌, 끈끈이여뀌, 바보여뀌 따위가 있어요. 쪽빛 물감을 내는 쪽과 열매를 먹는 메밀도 여뀌와 같은 무리이지요.

분류 마디풀과
잘 자라는 곳 축축한 도랑가나 냇가에서 자란다.
다른 이름 독풀, 여뀌, 어독초, 해박
꽃 피는 때 6~9월
열매 익는 때 10월
쓰임 어린 순을 먹는다. 약으로도 쓴다.

연꽃

연꽃은 늪이나 연못에 심어 기르는 여러해살이풀입니다. 논에 물을 대려고 파 놓은 저수지나 공원 연못에 가면 많이 볼 수 있지요. 원산지는 인도 같은 열대 아시아인데 우리나라에는 불교와 함께 들어왔대요. 불교에서는 연꽃이 피는 땅을 극락으로 여겼답니다.

연꽃은 뿌리줄기가 땅속에서 옆으로 길게 뻗으면서 마디에서 가는 뿌리가 나와서 퍼져 나가요. 뿌리줄기는 원통처럼 생겼는데 속에는 구멍이 숭숭 나 있어요. 우리가 먹는 연근이 바로 이 뿌리줄기예요. 연꽃의 둥그런 잎은 물 위로 솟아 올라와 있고 잎자루에는 날카로운 가시가 나 있어요. 여름에 희거나 붉은 꽃이 피는데 낮에는 꽃잎이 벌어지고 밤이면 꽃잎이 닫혀요. 이렇게 며칠 동안 되풀이하다가 가루받이가 끝나면 꽃잎이 처지면서 한 장씩 떨어지지요. 꽃이 지면 물뿌리개 꼭지같이 생긴 열매가 달립니다. 이 열매를 연밥이라고 하는데 껍질을 까서 날로 먹거나 말렸다가 약으로 쓰기도 하지요.

연꽃은 버릴 것이 하나도 없다고 할 만큼 쓸모가 많아요. 연잎은 독버섯을 먹고 탈이 난 사람에게 아주 좋아요. 또 코피가 잘 나는 어린이들이 연뿌리를 갈아서 마시면 신기할 정도로 코피가 잘 멎습니다. 연뿌리를 졸여서 날마다 조금씩 먹어도 아주 좋아요.

분류 수련과
잘 자라는 곳 연못에 심어 기른다.
꽃 피는 때 7~8월
열매 익는 때 10월
쓰임 잎과 뿌리는 먹고, 씨는 약으로 쓴다.

이끼

솔이끼 1997년 9월 경북 상주 작약산

우산이끼 1997년 7월 경북 상주

이끼는 숲속이나 그늘지고 축축한 흙, 바위, 또는 큰 나무의 줄기 따위에 붙어서 사는 작은 녹색 식물입니다. 대개 무리 지어 살기 때문에 언뜻 보면 초록색 융단을 깐 것처럼 보여요. 이끼는 물속에서 살던 녹색말이 진화하여 땅 위에 사는 식물로 바뀌었대요. 그러나 땅 위 식물로 완전히 진화하지 못해서 생김새나 사는 방법이 다른 식물들과 많이 다르지요.

이끼는 꽃이 피는 다른 식물과 달리 뿌리와 줄기와 잎이 뚜렷이 나누어지지 않아요. 또 꽃이 피지 않기 때문에 홀씨나 작은 이끼 조각이 바람이나 물을 타고 퍼져서 무리를 늘려 가지요. 이끼는 생김새에 따라 우산이끼와 솔이끼로 나눕니다. 우산이끼는 몸 전체가 잎 모양이고 헛뿌리가 있어요. 솔이끼는 잎이 뾰족하고 헛뿌리와 줄기와 잎이 어느 정도 모양을 갖추고 있지요.

이끼는 생명력이 무척 강해서 어떤 식물보다도 널리 퍼져 있어요. 아주 무더운 적도 지방에서부터 일 년 내내 얼음으로 덮여 있는 남극 지방에 이르기까지 퍼져 있으니까요. 동굴 속처럼 햇빛이 거의 안 드는 곳이나 메마른 땅에서도 살아가지요. 이런 곳에 이끼가 자라나면 땅이 기름지게 되어 다른 식물들이 살 수 있게 된답니다. 또 작은 곤충들의 보금자리가 되기도 해요. 새들은 둥지를 지을 때 폭신폭신한 이끼를 깔아서 알을 보호하기도 하지요.

분류 이끼식물
잘 자라는 곳 그늘지고 축축한 숲속에서 자란다.
다른 이름 선태식물
꽃 피는 때 꽃이 피지 않고 홀씨가 열린다.
쓰임 뜰이나 담장을 꾸밀 때 쓴다. 약으로 쓰기도 한다.
가꾸기 이끼가 자라고 있는 흙째로 떠다가 그늘진 곳에 두고 물을 자주 준다.

피

돌피 1997년 9월 경북 상주

피는 논에서 사는 한해살이풀입니다. 피는 조와 함께 아주 오랜 옛날부터 우리 조상들이 기르던 중요한 곡식이었어요. 우리나라에서는 신석기 시대부터 길렀다는데 벼나 보리 같은 곡식을 기르면서 차츰 덜 심게 되었대요. 우리 할머니, 할아버지만 해도 흉년이 들면 피죽을 끓여 먹고 배고픔을 참았답니다. 지금도 우리나라 북녘 지방에서는 논밭에 심어 기르고 있대요.

우리가 흔히 피라고 부르는 잡초는 돌피예요. 돌피는 농사짓는 분들이 아주 싫어해요. 벼가 한창 자랄 때 양분을 빼앗아 먹기 때문이지요. 게다가 벼보다 키가 커서 그늘을 드리우기도 하니까요. 그래서 한여름 동안 부지런히 뽑아 주어야 해요. 이 일을 피사리라고 하는데 무척 고된 일이랍니다. 피사리를 할 때는 돌피를 뿌리째 뽑아서 논두렁이나 길가로 힘껏 던져 버려요. 그래야 다시 살아나지 못하니까요. 한여름철 논두렁 위에 척척 걸쳐져 있는 마른 풀들이 이렇게 뽑아 놓은 돌피예요. 피는 이삭이 패기 전에는 벼와 아주 비슷하게 생겼어요. 그래서 잘 알아보지 못하는 수가 많지요. 그런데 보통 벼보다 키가 크기 때문에 논 위로 삐죽 올라온 것들이 많아요. 또 자세히 보면 벼와 달리 가운데 잎맥이 희끄무레하게 보이지요.

분류 벼과
잘 자라는 곳 논이나 물기가 많은 곳에서 자란다.
꽃 피는 때 8~9월
열매 익는 때 가을
쓰임 집짐승을 먹인다.

해캄

1997년 10월 경기도 송추

해캄은 물이 깨끗하지 않은 연못이나 호수, 물이 천천히 흐르는 시냇가에서 자라는 녹색말입니다. 물이끼라고도 부르는데 이른 봄부터 여름까지 부쩍 잘 자라지요. 색깔은 초록색이고 긴 머리카락처럼 생겼는데 만져 보면 미끈거립니다. 대개 한데 모여 살기 때문에 덩어리가 져서 물 흐름을 느리게 합니다. 양어장이나 연못에 해캄이 많이 생기면 물고기가 잘 자라지 못합니다. 물이 탁해져서 먹이를 구하기가 그만큼 어려워지기 때문이지요. 또 논에도 해캄이 많아지면 벼가 자라는 데 해롭습니다. 해캄은 살려는 힘이 강해서 한번 자라난 곳은 걷어 내도 곧 다시 자라납니다.

해캄을 현미경으로 들여다보면 가느다란 마디가 여러 개 늘어서 있는 것을 볼 수 있습니다. 이 마디 한 개가 세포 하나입니다. 그리고 세포 하나를 자세히 보면 그 속에 초록빛을 띠고 나사처럼 꼬여 있는 것이 있어요. 가을이 되면 머리카락 같은 것 두 개가 서로 다가와서 한쪽에서 다른 쪽으로 세포 안에 든 것이 흘러 들어갑니다. 그래서 홀씨 하나를 만들어 내고 홀씨로 겨울을 나지요. 이 홀씨는 이듬해에 다시 싹이 터서 머리카락 모양으로 자라납니다.

분류 해캄과
잘 자라는 곳 물흐름이 느리고 흐린 민물에서 자란다.
다른 이름 물이끼, 해감, 수면, 물솜, 수태
꽃 피는 때 꽃이 피지 않는다.
홀씨가 생기는 때 9월

바닷속에서 사는 식물

 가까운 바닷가에 나가 보세요. 바닷말들이 파도에 실려서 모래톱으로 밀려오곤 해요. 맑은 바닷물 속에서 물결에 일렁이는 풀도 있지요. 바닷물 속에서는 바닷말이 숲을 이루며 살고 있다고 해요. 바닷말은 다른 식물과 달리 꽃이 피지 않아요. 뿌리와 줄기와 잎도 뚜렷이 나뉘지 않지요. 또 물의 깊이에 따라서 색깔이 다르답니다. 얕은 물에서는 녹색말이 살고, 조금 깊은 물에서는 갈색말이 살고, 더욱 깊은 물에서는 홍색말이 살지요.

우리가 먹는 김이나 미역이나 다시마는 거의 양식으로 길러 낸 것들이에요. 바닷가에 사는 분들은 배를 타고 바다에 나가서 바닷말들을 돌보고 가꾸지요. 바닷말 양식은 뭍에서 가까운 바다에서 많이 하는데 그 가운데서도 남해 바다에서 가장 많이 해요. 특히 전라도 완도에서는 김이 많이 나고, 경상도 기장에서는 미역을 많이 따지요. 바닷말 속에는 우리 몸에 좋은 영양분이 많이 들어 있답니다.

김

김은 잔잔한 바닷물 속에서 잘 자라는 홍색말입니다. 본디 바다에서 저절로 자라던 것이지만, 우리가 먹는 김은 거의 사람이 기른 것입니다. 김은 조선 시대부터 기르기 시작했다고 하는데, 특히 남해에서 많이 길렀어요. 그 가운데서도 완도는 김으로 아주 이름난 곳입니다.

김은 주름진 얇은 막처럼 생겨서 물살에 하늘하늘 흔들립니다. 가을에 홀씨가 물속을 떠다니다가 바위에 붙어서 자라기 시작하지요. 홀씨가 잘 붙어 자라라고 대나무 발이나 그물 발을 엮어서 바닷물 속에 넣어 두기도 해요. 그러면 겨울부터 이듬해 봄까지 크게 자라나 붉은빛 김이 됩니다. 50일쯤 자란 김이 맛도 좋고 영양가도 많대요. 다 자란 김은 따서 잘게 썬 다음에 물에 풉니다. 그리고 나서 네모난 발 위에 얇게 펴서 말리지요. 우리가 먹는 넓적하고 네모난 김은 이렇게 해서 만듭니다.

김은 기름을 살짝 발라서 구워 먹기도 하고 부각을 만들어 먹기도 합니다. 김부각은 김에 찹쌀풀을 발라서 말린 것이에요. 특히 정월 대보름날 오곡밥을 김에 싸 먹으면 복이 온다고 해서 복쌈이라고 불렀어요. 또 생일날 먹으면 명이 길어진다고 해서 명쌈이라고도 했어요.

분류 보라털과
잘 자라는 곳 우리나라 남해 잔잔한 바닷물에서 잘 자란다.
다른 이름 해태, 짐
따는 때 겨울~이른 봄
쓰임 반찬으로 먹는다.

다시마

다시마는 찬 바닷물이 흐르는 동해나 남해에서 잘 자라는 갈색말입니다. 미역이나 김처럼 우리 겨레가 즐겨 먹는 바닷말 가운데 하나이지요. 뿌리는 나뭇가지처럼 생기고 줄기는 둥근 기둥꼴인데 바위에 붙어서 자랍니다. 띠처럼 생긴 잎은 가죽처럼 두껍고 가장자리가 물결처럼 생겼어요. 늦가을에 싹이 터서 이듬해 봄과 여름에 쑥쑥 자라납니다. 싹이 튼 지 3년쯤 지나면 먹을 만큼 자라납니다.

깊이 20m쯤 되는 얕은 바다에는 다시마와 같은 바닷말들이 많이 자라지요. 그 가운데서도 다시마와 미역은 갈색말이고, 파래나 청각은 녹색말, 김이나 우뭇가사리는 홍색말입니다. 바닷속 깊이에 따라 얕은 곳에서 녹색말이 살고, 조금 깊은 곳에는 갈색말이 살며, 더 깊은 곳에는 홍색말이 차례로 삽니다. 다시마는 바닷말 가운데서도 크기가 큰 편입니다. 키가 70m가 넘도록 자라는 것도 있다고 하니까요.

다시마는 쓰임새가 많아서 사람들이 기르기도 합니다. 말린 다시마는 삶아서 국물을 내거나, 기름에 튀겨서 반찬으로 먹습니다. 또 피를 맑게 하는 약으로도 쓰지요. 생다시마를 데쳐서 쌈을 싸 먹기도 합니다.

분류 다시마과
잘 자라는 곳 얕은 바닷속에서 자란다.
다른 이름 곤포
꽃 피는 때 꽃이 안 피는 민꽃식물
따는 때 여름
쓰임 반찬으로 먹거나 약으로 쓴다.

미역

미역은 우리나라 동해나 서해, 남해 어디에서나 저절로 자라거나 기르는 갈색말입니다. 김과 함께 우리 겨레가 가장 즐겨 먹는 바닷말이지요. 물깊이가 10m쯤 되는 가까운 바다에서 바위에 붙어 자랍니다. 사람이 기를 때는 가을에 미역의 홀씨가 붙은 돌을 바닷속에 던져 둡니다. 그러면 겨울 동안 싹이 터서 크게 자라지요. 이듬해 봄이 오면 사람들은 배를 타고 바다에 나가 미역을 따기 시작해요. 이렇게 따 낸 생미역은 어린줄기와 잎을 손질하여 모래나 자갈 위에 넓게 펴 말립니다.

미역은 몸이 뿌리와 줄기와 잎으로 이루어져 있어요. 뿌리는 땅 위의 식물과 달리 양분을 빨아들이지 않고 바위에 몸을 달라붙게 하는 일만 하지요. 줄기는 납작하고 긴 타원꼴인데 위로 올라가면서 잎의 가운데 잎맥으로 이어집니다. 잎은 긴 타원꼴인데 위로 올라가면서 깃꼴로 갈라지지요. 미역이 잘 자라면 사람 키보다도 더 커진다고 합니다.

옛날부터 어머니가 아기를 낳으면 꼭 미역국을 먹었지요. 미역을 많이 먹으면 피가 맑아지고 뼈가 튼튼해지니까요. 그래서 한창 자라는 어린이들도 많이 먹어야 해요. 또 미역은 혈압을 낮추고 똥을 잘 누게 해 주지요. 중금속이나 농약을 몸에서 걸러 내 주기도 한대요.

분류 다시마과
잘 자라는 곳 우리나라 바닷속 어디에서나 자란다.
따는 때 봄부터 가을
쓰임 국이나 반찬으로 먹는다.

우뭇가사리

우뭇가사리는 따뜻한 바다에서 저절로 자라는 여러해살이 홍색말입니다. 우리나라에서는 남해 앞바다에서 많이 나지요. 물 깊이가 5~10m쯤 되는 바다 밑에서 뭉쳐나는데 물 깊이가 20m가 넘으면 찾아보기 어렵대요. 우뭇가사리는 5~7월 사이에 많이 납니다. 색깔은 짙고 어두운 붉은색이지요. 철사줄을 이어 붙인 것 같은 가지가 깃꼴로 촘촘히 갈라져서 덩어리를 이루고 있어요. 높이는 보통 10~30cm 정도이고 가지 굵기는 1mm 안쪽입니다. 다른 바닷말처럼 꽃이 피지 않고 홀씨로 무리를 늘려 갑니다.

우뭇가사리는 삶아서 한천을 빼냅니다. 한천은 다른 말로 우무라고도 하지요. 한천은 뜨거울 때는 녹아서 달걀흰자같이 되지만 식으면 흐물흐물하면서도 쫄깃쫄깃한 젤리처럼 굳습니다. 한천은 양념장을 얹어서 그냥 먹기도 하고 여러 가지 과자나 약에도 많이 써요. 젤리나 양갱 같은 과자는 한천으로 만들었지요. 옛날에는 회벽을 바를 때 한천을 끓여서 횟가루를 갰대요. 그러면 벽이 단단하게 굳는다고 해요. 그런데 아직은 심어 기르는 방법을 알아내지 못해서 저절로 난 것만 따서 쓴대요. 사람들은 바닷속을 청소하거나 큰 돌을 굴려 넣거나 해서 우뭇가사리가 잘 불어날 수 있도록 도와주지요.

분류 참우뭇가사리과
잘 자라는 곳 따뜻한 바닷속에서 자란다.
다른 이름 참우뭇가사리
꽃 피는 때 꽃이 피지 않는다.
쓰임 한천을 만든다. 한천은 먹기도 하고 약으로도 쓴다.

우리 이름 찾아보기

이렇게 찾아보세요.
보기 | 도토리 ▶ 참나무 304 : 도토리는 304쪽에 있는 참나무 항목을 찾아보면 알 수 있다는 뜻입니다.
　　　덩이줄기 ▶ 32, 126 : 덩이줄기라는 낱말은 32쪽이나 126쪽을 찾아보면 알 수 있습니다.
　　　뽕나무 260 : 뽕나무 항목은 260쪽에 있다는 뜻입니다.

가

가래나무과 ▶ 호두나무 136
가루받이 ▶ 18, 28, 138, 230,
　　　　　262, 328
가지 28
가지과 ▶ 가지 28, 감자 32,
　　　　고추 40, 토마토 128,
　　　　꽈리 150
갈대 322
갈대나무과 ▶ 대추나무 48
갈참나무 ▶ 참나무 304
감나무 30
감자 32
갓 34
강낭콩 36
강아지풀 198
개구리밥 324
개나리 144
개미탑과 ▶ 물수세미 332
검정말 326
겨우살이 200
겹잎 ▶ 14
고구마 38
고사리 202
고추 40
과꽃 146
괭이밥 204
국화 148
국화과 ▶ 상추 90, 쑥갓 100,
　　　　우엉 112, 과꽃 146,
　　　　국화 148, 백일홍 160,
　　　　코스모스 184,
　　　　해바라기 188,
　　　　도깨비바늘 226,
　　　　도꼬마리 228,
　　　　민들레 244, 쑥 268,
　　　　씀바귀 270, 엉겅퀴 278
귤나무 42
그물맥 ▶ 16
기는줄기 ▶ 12, 176
기생식물 ▶ 200
김 356
깨 ▶ 들깨 52, 참깨 120
꽃다지 206
꽈리 150
꿀풀 208
꿀풀과 ▶ 들깨 52, 꿀풀 208,
　　　　익모초 288

나

나란히맥 ▶ 16, 198
나사말 328
나팔꽃 152
낙엽송 210
냉이 212
노간주나무 214
노박덩굴과 ▶ 사철나무 166
녹두 44
녹색말 ▶ 해캄 352
느릅나무과 ▶ 느티나무 216
느티나무 216
능금나무 ▶ 사과나무 86

다

다시마 358
다시마과 ▶ 다시마 358, 미역 360
단풍나무 218
달개비(닭의장풀) 220

당근 46
대나무 222
대추나무 48
더덕 224
덩굴식물 ▶ 12
덩이뿌리 ▶ 10, 38
덩이줄기 ▶ 32, 126
도깨비바늘 226
도꼬마리 228
도라지 50
도토리 ▶ 참나무 304
돌려나기 ▶ 14
돌피 ▶ 피 350
동백나무 230
두릅나무과 ▶ 인삼 114
두메오리나무꽃 ▶ 오리나무 282
둥근향나무 ▶ 향나무 316
들깨 52
들장미 ▶ 찔레 302
딸기 54
땅콩 56
떨기나무 ▶ 12

마

마늘 58
마디풀과 ▶ 메밀 60, 여뀌 344
마름 330
마주나기 ▶ 14
맥문동 232
맨드라미 154
머루 234
메꽃 236
메꽃과 ▶ 고구마 38, 나팔꽃 152,
            메꽃 236
메밀 60
명아주 238
명아주과 ▶ 시금치 98, 명아주 238
모밀 ▶ 메밀 60
목련 156
무 62
무궁화 158
물수세미 332

물오리나무 ▶ 오리나무 282
물옥잠과 ▶ 부레옥잠 338
물푸레나무과 ▶ 개나리 144
미나리 64
미나리아재비 240
미나리아재비과 ▶
            미나리아재비 240,
            할미꽃 314
미루나무(미류나무) 242
미역 360
민들레 244
밀 66

바

바랭이 246
박 68
박과 ▶ 박 68, 수박 94,
      오이 106,
      참외 122, 호박 138,
      수세미 174
밤나무 248
방동사니 334
방울나무 ▶ 플라타너스 312
배나무 70
배추 72
백목련 ▶ 목련 156
백일홍 160
백합과 ▶ 마늘 58, 부추 84,
       양파 104, 파 130,
       튤립 186, 히야신스 192,
       맥문동 232
뱀딸기 250
뱀밥 ▶ 쇠뜨기 264
버드나무 252
버드나무과 ▶ 미루나무 242,
           버드나무 252
버들강아지 ▶ 버드나무 252
버섯 74
버즘나무 ▶ 플라타너스 312
범의귀과 ▶ 수국 170
벚나무 254
벼 76

벼과 ▶ 밀 66, 벼 76, 보리 80,
　　　수수 96, 옥수수 108,
　　　조 118, 잔디 176,
　　　강아지풀 198, 대나무 222,
　　　바랭이 246, 억새 276,
　　　갈대 322, 피 350
벼는 이렇게 길러요 78
보리털과 ▶ 김 356
보리 80
복숭아(복사나무) 82
봉숭아(봉선화) 162
부들 336
부레옥잠 338
부추 84
분꽃 164
붓꽃 256
붕어마름 340
붕어말 ▶ 붕어마름 340
비늘줄기 ▶ 58, 104, 172
비름 258
비름과 ▶ 맨드라미 154
　　　　비름 258
뽕나무 260
뿌리잎 ▶ 14, 72, 206, 212
뿌리줄기 ▶ 92, 346

사

사과나무 86
사철나무 166
사초과 ▶ 방동사니 334
산형과 ▶ 당근 46, 미나리 64
살구 88
상수리나무 ▶ 참나무 304
상추 90
생강 92
석죽과 ▶ 패랭이꽃 310
선인장 168
소나무 262
소나무과 ▶ 낙엽송 210,
　　　　　소나무 262,
　　　　　잣나무 290,
　　　　　전나무 292

속새과 ▶ 쇠뜨기 264
솔이끼 ▶ 이끼 348
솜대 ▶ 대나무 222
송이버섯 ▶ 버섯 74
쇠뜨기 264
쇠비름 266
쇠비름과 ▶ 채송화 180,
　　　　　쇠비름 266
수국 170
수련 342
수련과 ▶ 수련 342, 연꽃 346
수박 94
수선화 172
수세미 174
수세미오이 ▶ 수세미 174
수수 96
수염뿌리 ▶ 10, 198
시금치 98
신갈나무 ▶ 참나무 304
십자화과 ▶ 갓 34, 무 62,
　　　　　배추 72, 양배추 102,
　　　　　꽃다지 206, 냉이 212
쌀 ▶ 벼 76
쌍떡잎식물 ▶ 10
쑥 268
쑥갓 100
씀바귀 270

아

아까시나무 272
아욱과 ▶ 무궁화 158
아카시아 ▶ 아까시나무 272
애기똥풀 274
양귀비과 ▶ 애기똥풀 274
양배추 102
양버즘나무 ▶ 플라타너스 312
양파 104
어긋나기 ▶ 14
억새 276
엉겅퀴 278
여뀌 344
여러해살이풀 ▶ 22

연꽃 346
오동나무 280
오디, 오디나무 ▶ 뽕나무 260
오리나무 282
오이 106
오이풀 284
옥수수 108
완두 110
왕머루 ▶ 머루 234
외떡잎식물 ▶ 10, 198
우뭇가사리 362
우산이끼 ▶ 이끼 348
우엉 112
운향과 ▶ 귤나무 42
원뿌리 ▶ 10
은행나무 286
은행나무과 ▶ 은행나무 286
이끼 348
익모초 288
인삼 114
일본잎갈나무 ▶ 낙엽송 210

자
자두나무 116
자라풀과 ▶ 검정말 326,
　　　　　나사말 328
자작나무과 ▶ 오리나무 282
작은키나무 ▶ 12
잔디 176
잣나무 290
장미 178
장미과 ▶ 딸기 54, 배나무 70,
　　　　복숭아 82, 사과나무 86,
　　　　살구 88, 자두나무 116,
　　　　장미 178, 뱀딸기 250,
　　　　벚나무 254, 오이풀 284,
　　　　찔레 302
적송 ▶ 소나무 262
전나무 292
젓나무 ▶ 전나무 292
제비꽃 294
조 118

조롱박 ▶ 박 68
주목 296
죽순 ▶ 대나무 222
줄기잎 ▶ 14, 206, 212
진달래 298
질경이 300
쪽파 ▶ 파 130
찔레 302

차
차나무과 ▶ 동백나무 230
참깨 120
참꽃 ▶ 진달래 298
참나무 304
참나무과 ▶ 밤나무 248,
　　　　　참나무 304
참배 ▶ 배나무 70
참오동나무 ▶ 오동나무 280
참외 122
참우뭇가사리과 ▶
　　　　　우뭇가사리 362
채송화 180
천남성과 ▶ 토란 126
철쭉 ▶ 진달래 298
초롱꽃과 ▶ 도라지 50, 더덕 224
측백나무 182
측백나무과 ▶ 측백나무 182,
　　　　　노간주나무 214,
　　　　　향나무 316
칡 306

카
코스모스 184
콩 124
콩과 ▶ 강낭콩 36, 녹두 44,
　　　땅콩 56, 완두 110,
　　　콩 124, 팥 132,
　　　아까시나무 272,
　　　칡 306, 토끼풀 308
콩나물 ▶ 콩 124
큰키나무 ▶ 12
클로버 ▶ 토끼풀 308

타

토끼풀 308
토란 126
토마토 128
튤립 186

파

파 130
팥 132
패랭이꽃 310
포도 134
포도과 ▶ 포도 134
　　　　 머루 234
포플러나무 ▶ 미루나무 242
표고버섯 ▶ 버섯 74
플라타너스 312
피 350

하

한해살이풀 ▶ 22
할미꽃 314
해바라기 188
해캄 352
향나무 316
현삼과 ▶ 오동나무 280
호두나무 136
호박 138
홍단풍 ▶ 단풍나무 218
회양목 190
히아신스 192